DIE RICHTIGEN ETFS KAUFEN

Wie Sie als Börsen-Einsteiger jetzt clever in Indexfonds
investieren und selbst in Krisenzeiten Geld verdienen

Martin Bachmeier

Ein Willkommensgeschenk!

Vielen Dank für den Kauf dieses Buches. Bevor es richtig losgeht, möchte ich Ihnen ein Geschenk machen: Auf meiner Webseite finden Sie einen Kurzreport gratis zum Download.

In diesem Kurzreport geht es um die 7 häufigsten Fehler, die Einsteiger beim Handeln mit Aktien machen.

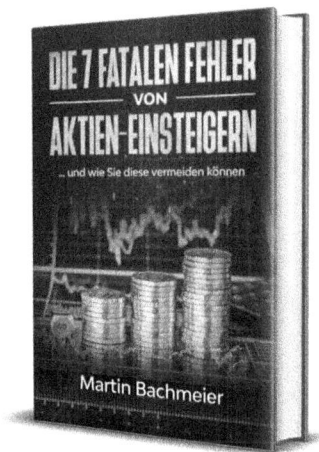

Dieser Kurzreport steht nur eine begrenzte Zeit zum Download zur Verfügung – Handeln Sie daher schnell!

Wie können Sie diesen Kurzreport erhalten?

Blättern Sie direkt zum Kapitel „Bonusheft"!

Inhaltsverzeichnis

Einleitung

Krisenzeiten, wie die zu Beginn der neuen Dekade Anfang 2020, werfen bei Anfängern sowie Zweiflern unter den Anlegern immer wieder verstärkt die Frage auf: „Wieso sollte ich mein Geld in etwas so hoch Spekulatives wie Wertpapiere an der Börse anlegen?" Die Profis aber stellen sich diese Frage nicht, sondern sind schon zahlreiche Schritte weiter. Sie fragen sich Folgendes: „Wie gelingt es mir, aus dieser Krisenzeit das Maximum des enormen Gewinnpotenzials herauszuholen?"

Ohne Zweifel: Krisenzeiten gehen mit einem enormen Wertverlust der Wertpapiere in nahezu allen Branchen einher. So branchenübergreifend schädigend wie das Corona-Virus war seit 2007 kaum ein Ereignis. Aber je größer der Schaden, umso größer ist die zu erwartende Erholung der Finanzmärkte im Nachhinein. Beantworten Sie sich selbst die Frage, was nach den bisherigen Finanzcrashs seit der „Great Depression" 1929 geschehen ist. Die Wirtschaft hat sich erholt und ein beeindruckendes Wachstum hervorgebracht. Ebenso war es bei den anderen Finanzcrashs: Hat der DAX nicht an Wert gewonnen und neue Höchststände erreicht, nachdem die Finanzkrise 2007 vorbei war? Es ist aus den bloßen Punktständen herauszulesen, dass dies der Fall war. Nun beantworten Sie sich folgende Frage: „Wieso sollte es nach dem Corona-Virus anders verlaufen?"

Es gibt keinen Grund. Insbesondere hier in Deutschland werden Rettungsschirme für Unternehmen aufgespannt, die mehrere Hunderte Milliarden Euro schwer sind. Staatliche Beteiligungen an Unternehmen stehen zur Debatte, um die Großkonzerne zu finanzieren und aufrecht zu erhalten. Und auch andere Nationen verfolgen diese Strategie. Wieso also sollten Sie die Geldanlage scheuen? Sie haben die Chance, jetzt – wo alles günstig und im Keller ist – zu Schnäppchenpreisen einzukaufen und nach der Corona-Krise durch den Anstieg der Kurse eine hohe Rendite zu erhalten. Zu kaum einem anderen Zeitpunkt war die Geldanlage in Wertpapiere vielversprechender.

Allerdings wäre es unfair, Ihnen die Risiken vorzuenthalten. Denn wann genau die Krise vorbei ist und wann der ideale Einstiegszeitpunkt ist, lässt sich schwer vorhersagen. Dies trifft nicht nur auf die Corona-Krise, sondern ebenso auf jede andere künftige Krise zu. Es gibt allerdings einen Weg, mit dem Sie jederzeit – ob in der Mitte oder am Ende einer Krise oder auch außerhalb von Krisenzeiten – Ihr Geld intelligent und ertragsstark investieren können. Dieser Weg führt uns zum Thema dieses Ratgebers: Geldanlage in ETFs (Exchange Traded Funds).

Bei ETFs investieren Sie nicht in einzelne Aktien, sondern in mehrere Aktien. Schon allein dies ist ein zentrales Merkmal, um in Krisenzeiten Ihr Geld intelligent und mit geringeren Verlustrisiken anzulegen. Denn, wie ein Crash für einzelne Unternehmen ausgeht, steht weitestgehend in den Sternen. Es ist möglich, dass es lange dauert, bis eine Erholung eintritt, dass das Unternehmen Insolvenz anmelden muss oder es nie dieselbe Stärke wie zuvor aufweisen wird. Um diesem Risiko aus dem Weg zu gehen, ist es empfehlenswert, in mehrere Aktien zu investieren. Neben der Zusammenstellung eines eigenen Wertpapierportfolios können Sie auf Aktienfonds und ETFs als eine spezielle Art der Aktienfonds zurückgreifen. Die ETFs weisen den Vorzug einer geringeren Kostenintensität auf. Zudem sind sie passiv gemanagt, was bedeutet, dass weder Sie noch ein Fondsmanager sich um den ETF kümmern muss. Wie solch eine einfache Geldanlage möglich ist? ETFs werden nach dem Vorbild von Indizes, wie beispielsweise des DAX (Deutscher Aktienindex) gebildet, und spiegeln somit die Entwicklung nationaler Wirtschaften, grenzübergreifender Wirtschaftsräume oder einzelner Wirtschaftszweige wider. Sie nehmen also den Verlauf des jeweiligen Indizes an und bedürfen keines Managements. Ein weiterer Vorteil: Da die Annahme lautet, dass sich eine Wirtschaft über einen längeren Zeitraum stets weiterentwickelt und wächst, ist die Suche nach einem geeigneten Anlage-Produkt schnell abgeschlossen. ETFs bieten beste Aussichten darauf, bei einer Geldanlage aus der Erholung nach einem Crash das Maximum an Profit zu erwirtschaften. Denn während einzelne Unternehmen scheitern können, wird die Wirtschaft insgesamt die alte Stärke aller Voraussicht nach zurückerlangen und mit der Zeit sogar noch stärker werden.

In den folgenden Kapiteln befassen wir uns mit den Grundlagen der Geldanlage und des Kapitalmarktes, ehe wir uns mit aller Ausführlichkeit den ETFs widmen. Dies beinhaltet Informationen zu den Merkmalen von ETFs sowie den verschiedenen Arten. Mit der Art eines ETFs ist nämlich die Möglichkeit gegeben, verschiedene Investmentstrategien in die Tat umzusetzen. Darüber hinaus erhalten Sie Informationen zu Anfängerfehlern, die es zu vermeiden gilt, und eine Schritt-für-Schritt-Anleitung zum Investment in ETFs. Wir beleuchten auch die Frage, wie am besten vorzugehen ist, wenn vor der Krise Geld angelegt worden ist und große Verluste eingetreten sind.

Einführung in das Thema Geldanlage

D ieses Kapitel richtet sich in erster Linie an all jene Leser, die über das Thema Geldanlage nur wenig oder gar nicht informiert sind. Alle Leser, denen die Begriffe Inflation, Niedrigzinsphase, Aktien, Börse, Anlageklassen, Indizes und Rendite etwas sagen, dürfen direkt mit dem zweiten Kapitel beginnen. Andererseits lohnt es sich auch für Fortgeschrittene, in diesem Kapitel die Grundlagen aufzuarbeiten, da insbesondere ab dem Abschnitt 1.2 vereinzelt neue Informationen für erfahrene Anleger auftreten könnten. Die Anfänger unter den Anlegern, die mit diesem Buch den Sprung zu Fortgeschrittenen schaffen und beim Geld anlegen Erfolg haben möchten, kommen an diesem Kapitel nicht vorbei. Vereinzelt warten auf Sie Verweise auf andere Bücher aus der Aktien-Reihe, die bestimmte Themen vertiefen und zum Selbststudium äußerst sinnvoll sind.

Warum Geld anlegen oder investieren?

Mittlerweile sind die Probleme der Gesetzlichen Rentenversicherung und der Niedrigzinsphase zur breiten Masse der Bevölkerung derart weit vorgedrungen, dass nahezu jede Person weiß, wie wichtig es ist, privat vorzusorgen: Vorsorgen für die Rente im Alter, für den Krankheitsfall, für Krisenzeiten oder einfach nur für künftige Pläne, bei deren Realisierung man in ferner Zukunft auf finanzielle Mittel angewiesen ist. Drei Fragen und Antworten liefern präzise Ausführungen.

1

1. *Weswegen sollte ich mein Geld irgendwo anders parken, wo ich es doch einfach auf dem Konto liegen lassen und sparen kann?*

Zwar ist es möglich, das Geld auf dem eigenen Konto zu sparen. Dann ist es nicht dem Risiko des Aktienmarktes ausgesetzt, sondern nur dem Risiko einer eventuellen Insolvenz der Bank in der Zukunft. Da eine solche Insolvenz unwahrscheinlich ist, ist das Geld auf dem Bankkonto sicher deponiert. Das Problem bei einer Anlagestrategie auf dem Konto ist jedoch die Inflation. Die Inflation bezeichnet den Wertverlust des Geldes, der staatlich geplant und festgelegt ist. Die Raten der Jahre 1991 bis 2019 sind auf der Webseite finanztools.de[1] abrufbar. Im Jahr 2019 lag die Rate bei gerundet 1,4 %.[2] Dies bedeutet, dass das auf dem Konto angelegte Geld im Jahr 2019 1,4 % seines Wertes verloren hat.

Ergebnis: Sie sparen mit Verlust, wenn Sie Ihr Geld auf dem Konto oder daheim in bar lagern.

2. *Dafür wurde aber das Sparbuch erfunden: Kann ich mit den Zinsen des Sparbuchs nicht die Inflation ausgleichen und einen Gewinn verbuchen?*

Nun wären normalerweise die Zinsen auf dem Sparbuch oder Tagesgeldkonto dafür da, um die Inflation auszugleichen und für einen Gewinn zu sorgen. Aber die Niedrigzinsphase hat zur Folge, dass die Banken sich das Geld bei den Zentralbanken günstiger beschaffen können und auf dem Sparbuch oder Tagesgeldkonto Zinsen von 0,2 %

---

[1] https://www.finanz-tools.de/inflation/inflationsraten-deutschland

[2] wie vorherige

gcgeben werden.[3] Im letzten Jahr waren sie sogar noch niedriger.

Ergebnis: Wenn Sie Ihr Geld auf dem Sparbuch ablegen, ist es zwar finanziell besser als auf dem Konto oder in bar zuhause, aber Sie verbuchen aufgrund der niedrigen Zinsen fast denselben Verlust.

3. *Am Ende bekomme ich aber sowieso die Rente gezahlt. Geht es mir rein um die Altersvorsorge, dann kann ich doch in die Gesetzliche Rentenversicherung einzahlen, oder?*

Sehr gern dürfen Sie in die Gesetzliche Rentenversicherung einzahlen. Zahlen Sie sogar freiwillig mehr ein. Den Staat wird es freuen, weil er sich nach allen Regeln der Kunst müht, die Gesetzliche Rentenversicherung überhaupt noch am Leben zu erhalten.[4] Die Prognosen fallen jedoch denkbar schlecht aus. Die Gesetzliche Rentenversicherung basiert nämlich auf einem Umlageverfahren. Dies bedeutet, dass diejenigen, die gerade arbeiten, für die aktuellen Rentner das Geld verdienen. Das Problem: Die Bevölkerung wird zunehmend älter, was die Finanzierung des deutschen Rentensystems nahezu unmöglich macht. Statistiken zufolge wird 2050 ein Arbeitnehmer die Rente dreier Rentner finanzieren müssen. Einige Statistiken schätzen die Lage noch dramatischer ein, während andere etwas milder sind. Fakt ist: Mit lukrativer Rendite im Verhältnis zu der Höhe der eingezahlten

---

[3] https://de.statista.com/statistik/daten/studie/202295/umfrage/entwicklung-des-zinssatzes-fuer-spareinlagen-in-deutschland/
[4] https://www.welt.de/finanzen/article202234584/Rentenversicherung-Bundesbank-warnt-vor-finanzieller-Schieflage.html

Beiträge hat die Deutsche Rentenversicherung rein gar nichts zu tun. Das Berechnungssystem der Rente richtet sich nach dem Durchschnittseinkommen der Bevölkerung, das durch die vielen wohlhabenden Personen verzerrt wird. Somit ist – abgesehen von der umstrittenen Zukunftsfähigkeit des Systems – nicht einmal die Basis zur Berechnung der Rente fair. Die meisten Personen haben aufgrund Ihres Status als Arbeitnehmer oder pflichtversicherter Selbstständiger keine andere Wahl, als in die Gesetzliche Rentenversicherung einzuzahlen. Nach Möglichkeit sollte aber jeder Euro der Gesetzlichen Rentenversicherung vorenthalten werden, der auf legalem Wege vorenthalten werden kann.

Ergebnis: Die Gesetzliche Rentenversicherung liefert eine grundlegende Sicherheit, aber gewährleistet kein Altern in Würde. Zudem ist sie eine reine Altersvorsorge und keine Geldanlage.

Diese drei Fragen und Antworten bedürfen keiner wissenschaftlichen Prüfung und Erörterung. Sie sind den Massen bekannt und werden weder seitens des Staates noch seitens von Experten der Bevölkerung vorenthalten. Für Sie stellt sich dementsprechend kaum die Frage, wieso Sie privat Geld anlegen oder investieren sollten. Es stellt sich die Frage, **wie** Sie Geld anlegen oder investieren.

Der Unterschied zwischen Anlage und Investment

Bei einer Geldanlage steht im Vordergrund, das Geld in Wertpapiere, Produkte, Immobilien oder andere Sachen von Wert zu „stecken", um auf lange Sicht Erträge zu erhalten. Demnach steht bei der Geldanlage der langfristige Gedanke im Vordergrund. Geldanlagen gehen meistens über einen Anlagehorizont von zehn Jahren hinaus und können – je nach Ziel – sogar mehrere Dekaden umfassen. Bei einer Geldanlage zur Altersvorsorge sollte über einen Zeitraum von idealerweise 40 oder mehr Jahren Geld zurückgelegt werden. Denn es gilt: Je länger das Geld in einem Anlageprodukt platziert ist, umso eher wird es sich vermehren. Erst über die Jahrzehnte hinweg macht sich der Zinseszinseffekt in den Erträgen der Geldanlage deutlich bemerkbar.

Hintergrundwissen

Bei vielen Geldanlagen gibt es den festen zugesicherten Zins, der den Ertrag präzise in Prozent formuliert. Zudem existiert der Zinseszins: Wenn der Ertrag aus Zinsen ebenfalls in die Geldanlage gelegt wird, so werden auf diese Zinsen und den ursprünglichen Geldbetrag im nächsten Jahr erneut Zinsen fällig. Da die Zinsen den letztjährigen Betrag immer wieder anheben, kommt ein Zinseszinseffekt zustande. Je länger eine Geldanlage verfolgt wird und je mehr Zinserträge in die Geldanlage einfließen, umso höher wird der gesamte Gewinn aufgrund der Zinsen auf den ursprünglich angelegten Betrag und die zusätzlich angelegten Zinsen.

Anders verhält es sich hingegen bei einem Investment. Ein Investment kann eine Geldanlage sein oder zu einer Geldanlage werden, wenn es langfristig verfolgt wird. Aber in seiner herkömmlichen Bedeutung ist ein Investment bzw. eine Investition die Einlage eines Geldbetrags in ein Unternehmen oder eine Sache mit dem Ziel, dieses Unternehmen bzw. diese Sache wachsen zu lassen und davon zu profitieren. Der Unterschied zwischen einer Geldanlage und einem Investment ist nicht unbedingt wichtig und im allgemeinen Sprachgebrauch fließen diese beiden Begriffe fast immer ineinander. Vielmehr soll der hier formulierte Unterschied illustrieren, dass beide Arten, Geld anzulegen, ihre Vorteile bieten. Dementsprechend ist es lohnend, das Geld so anzulegen, dass sowohl eine Geldanlage als auch ein Investment getätigt werden. Dies ist einzig und allein auf einem Markt möglich: Der Börse.

Die Börse als idealer Weg zum Geld anlegen

Die Börse, an der Sie u. a. auch in den Hauptgegenstand dieses Buches, die ETFs, Geld anlegen können, ist der ideale Weg für Geldanlagen und Investitionen. Denn hier verschwimmen beide Begriffe – Geldanlage und Investition – ineinander und ermöglichen Ihnen einen flexiblen Vermögensaufbau. Während Sie bei Altersvorsorgeverträgen sowie Sparbüchern Ihr Geld nur anlegen können und nicht investieren, haben Sie an der Börse alle Spielräume:

- Investitionen und Teilhabe an Unternehmen
- Einfluss bei Unternehmen, sofern ausreichend Aktien gekauft wurden
- Langfristige und mehrere Jahrzehnte umfassende Geldanlage in nationale, kontinentale oder globale Wirtschaften
- Geldanlagen und Investitionen aus Überzeugung: Sie können themen- sowie branchenbasiert Geld anlegen, z. B. in „grüne" und umweltfreundliche Unternehmen, in die Pharmaindustrie und weitere
- Immobilienfonds und Immobilienunternehmen, um das Fehlen einer eigenen Immobilie zu kompensieren

Sie haben beim Wertpapiermarkt die Wahl, ob Sie kurz- oder langfristig investieren. Sie müssen dafür zwar ein gewisses Risiko hinnehmen, weil Sie nie sicher sein können, wie sich die Aktien oder andere Wertpapiere entwickeln, aber Sie werden merken, dass dieses Risiko weitaus geringer ist als im Allgemeinen behauptet wird. Insbesondere ETFs minimieren die Risiken des Wertpapiermarktes und stellen hohe Erträge in Aussicht. Die ETFs als Hauptthema dieses Ratgebers sind für Geldanlagen zwischen drei und beliebig vielen weiteren Jahren als Zeitraum geeignet. Sie können sie also als Geldanlage oder Investition in die Wirtschaft auffassen.

Schlussendlich lässt sich sagen, dass die aktuelle Phase, die private Anleger wie Sie aufgrund der Niedrigzinsphase und des demografischen Wandels scheinbar vor Probleme stellt, nicht zwingend problematisch ist. Denn diese Phase führt zu einem Umdenken in der Bevölkerung. Dieses Umdenken macht der breiten Masse Themen wie die Geldanlage und Finanzen interessanter und eröffnet Ihnen die Chance, weitaus höhere Renditen – also Gewinne – als beim Sparbuch und anderen traditionellen Geldanlagen zu erzielen.

Geben Sie diesen höheren Gewinnen und einer interessanten Art der Geldanlage die Chance, in Ihren Finanzen eine Rolle zu spielen, und lernen Sie die Börse näher kennen!

Grundlagen zur Börse und zu Wertpapieren

Es gibt mehrere Börsen, die verschiedene Charakteristika aufweisen. Die in diesem Buch immer gemeinte und allgemein unter dem Begriff „Börse" zu verstehende Börsenart ist die Wertpapierbörse. Neben dieser gibt es u. a. die Terminbörse, Warenbörse, Devisenbörse, Strombörse und Emissionshandelsrechtssysteme.

Die Wertpapierbörse zeichnet sich dadurch aus, dass an ihr einzig und allein Wertpapiere gehandelt werden. Wertpapiere schreiben einer Sache einen bestimmten Wert zu. Beispielsweise gibt es Aktien als die wohl den Massen bekannteste Wertpapier-Art. Eine Aktie ist nichts anderes als ein Anteil an einem Unternehmen. Früher war dieser Anteil schriftlich fixiert, weil in den Anfängen der Börse keine elektronischen Mittel verfügbar waren. Daher stammt überhaupt erst die Bezeichnung als Wertpapier. Heute aber sind jegliche Arten von Wertpapieren in einem elektronischen Portfolio enthalten. Dieses wird als Wertpapier-Depot bezeichnet.

Verbleiben wir fürs Erste bei den Aktien. Jede Aktie stellt einen bestimmten Anteil ein einem Unternehmen dar und hat denselben Wert. Wie hoch der Anteil am Unternehmen ist, richtet sich danach, wie viele Aktien zu einem bestimmten Wert das Unternehmen beim Börsengang ausgibt. Eine Schritt-für-Schritt-Erklärung:

1. Das Unternehmen erfüllt die Voraussetzungen für einen Börsengang.
2. Die Unternehmensführung legt fest, in wie viele Aktien das Unternehmen aufgeteilt wird und wie viele dieser Aktien beim Börsengang herausgegeben werden.
3. Als Einstiegspreis wird der Wert einer Aktie vom Unternehmen genannt. Dieser Einstiegspreis markiert die Erwartungen, die das Unternehmen an seine eigene Bewertung hat.
4. Werden die Aktien beim Börsengang herausgegeben, so spricht man von einer Neu-Emission von Aktien.
5. Sollten die von Anlegern gezahlten Preise für eine Aktie den Erwartungen des Unternehmens zusagen, dann werden die Aktien verkauft, wobei jeder Anleger so viele Aktien kaufen kann, wie gerade verfügbar sind.
6. Es ist möglich, dass Anleger sogar mehr als den vom Unternehmen angesetzten Wert der Aktie bieten, um sich gegen Konkurrenten durchzusetzen. Dann wird das Unternehmen höher als erwartet bewertet. Alternativ ist aufgrund einer geringeren Nachfrage auch eine schlechtere Bewertung des Unternehmens möglich.

7. Wie viele Aktien zum Kauf verfügbar sind, hängt von der Menge der emittierten – also herausgegebenen – Aktien ab.

So sieht die Situation aus, wenn ein Unternehmen gerade der Börse beitritt. Ist das Unternehmen bereits an der Börse notiert, hat es jederzeit die Möglichkeit zu einer weiteren Emission von Aktien, wobei dann nicht mehr die Rede von einer Neu-Emission, sondern einfach von einer Emission ist. In der Folge hat das Unternehmen die Möglichkeit, die Aktien zu splitten (Aktiensplitting), was bedeutet, dass aus einer Aktie mehrere werden. Damit sinkt der Preis einer Aktie, aber am gesamten Unternehmenswert und dem Vermögen der Anleger ändert sich nichts, da linear zum sinkenden Preis der Aktie die Menge an Aktien steigt.

Diese kleine Einführung und das Beispiel erklären allerdings bei Weitem noch nicht die komplette Bandbreite der Börse und Wertpapiere. Deswegen betrachten wir den Wertpapiermarkt genauer.

Börse: Handelsplatz und Informator

Stellen Sie sich vor, Sie möchten ein Wertpapier – es muss nicht zwingend eine Aktie sein – kaufen und sich über den Preis informieren. Der vorhin erklärte Fall einer Neu-Emission von Aktien ist nur bei Börsengängen von Unternehmen gegeben. Normalerweise müssen Sie nicht auf den Wert von Unternehmen hören, sondern haben die Preise für Aktien und alle anderen Wertpapiere direkt über die Börse abgebildet.

Quelle: boerse.de[5]

Dieser Screenshot stammt von der Website boerse.de. Wie Sie sehen können, finden Sie dort im oberen Bereich einige Kurse: DAX, MDAX, Dow Jones und weitere. Hierbei handelt es sich um keine Aktienkurse, sondern die Kurse von Aktienindizes. Aktienindizes sind Verzeichnisse mehrerer Aktien. Der DAX (Deutscher Aktienindex) als Beispiel bildet die Kursverläufe der 30 wertvollsten börsennotierten Unternehmen Deutschlands ab. Diese werden gemäß ihrem Börsenwert in den Index DAX eingefügt und deren Kursverläufe im DAX zusammengefasst. Das Ergebnis ist, dass in diesem Index der mutmaßlich wichtigste Teil der deutschen Wirtschaft widergespiegelt wird. Genauso ist es bei den anderen Verzeichnissen, wie beispielsweise dem Dow Jones, der die Kursverläufe und somit die wirtschaftliche Entwicklung der 30 wertvollsten Unternehmen der USA veranschaulicht. Wenn neben einem Index beispielsweise „-1,99%" steht, dann bedeutet dies, dass alle in diesem Aktienindex befindlichen Titel – Titel ist ein zusammenfassender Begriff für sämtliche Aktien eines Unternehmens – einen Wertverlust von 1,99 % im Vergleich zum Vortag verbucht haben. Das bedeutet aber nicht, dass

---

[5] https://www.boerse.de/

10

jeder Titel im Index denselben Gewinn oder Verlust gemacht hat. Es ist nur der Durchschnitt aller Werte.

Hintergrundwissen

Bei Gold und Rohöl handelt es sich um Rohstoffe, also physische Güter, nicht jedoch um Wertpapiere. Dennoch werden sie im oberen Screenshot aufgelistet. Der Grund hierfür ist, dass beides renommierte Geldanlagen sind und es bestimmte Wertpapiere gibt, die die Gold- sowie Ölpreisentwicklung abbilden und auf diesem Wege ein Investment möglich machen. Gleiches gilt für die Entwicklung des Euro zum US-Dollar und anderer Währungen. Einige Börsen zeigen ebenso den Kursverlauf bestimmter Kryptowährungen an. Es sind also nicht zwingend nur Wertpapiere auf den Websites von Börsen auffindbar.

Blicken wir bei boerse.de auf einige Einzelkurse aus dem DAX, so sehen wir folgendes Bild:

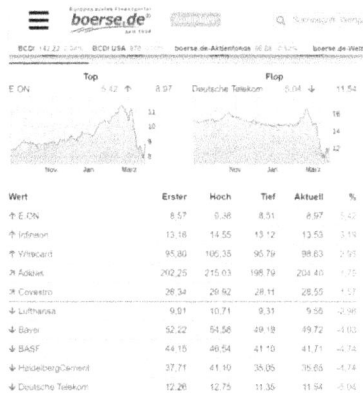

Quelle: boerse.de[6]

---

[6] https://www.boerse.de/boersenkurse/

Es gibt demnach Unternehmen in einem Index, der Verlust macht, die trotzdem durchaus Gewinn machen können. Wie sich der Index insgesamt entwickelt, hängt von der Gesamtentwicklung der enthaltenen Titel ab.

Für Sie wichtig ist an dieser Stelle, dass bei sämtlichen Wertpapieren und Indizes sowie anderen Anlagen die Kurse permanent aktualisiert werden. Der Zugewinn, der Verlust oder die neutrale Entwicklung werden im prozentualen Verhältnis zum Schlusskurs des Vortages angegeben. Die Aktualisierung der Kurse erfolgt für gewöhnlich im Sekundentakt, wobei der aktuelle Kurs dadurch bestimmt wird, zu welchem Preis die jeweilige Aktie zuletzt verkauft wurde. Wie bereits in Supermärkten und auf anderen Handelsplätzen, regeln das Angebot und die Nachfrage den Preis. Je begehrter eine Aktie ist, desto mehr steigt sie im Preis. Je mehr Negativschlagzeilen ein Unternehmen macht oder je mehr Anhaltspunkte es dafür gibt, auf den Kauf der Aktie zu verzichten, desto stärker reduziert sich der Preis der Aktie. Die Börse fungiert demnach als ein wichtiger Informator für Sie:

- Sie erhalten Informationen zum aktuellen Kurs eines Wertpapiers und zu dessen Entwicklung über mehrere Jahre hinweg.
- Durch die Entwicklung der Indizes können Sie die wirtschaftliche Entwicklung einzelner Staaten, Branchen oder auch Wirtschaftsräume mit mehreren Staaten einsehen.
- Zudem erwarten Sie auf den führenden Websites Informationen zu Wertpieren, wichtigen Kennzahlen von Unternehmen und weitere detaillierte Ausführungen zum jeweiligen Anlageobjekt.
- Durch fortlaufende Nachrichten, Berichterstattung und Adhoc-Meldungen (siehe 1.3) von Unternehmen können Sie die künftigen Kursverläufe einschätzen.

Neben dieser Rolle als Informator ist die Börse zugleich ein Handelsplatz, über den Wertpapiere gehandelt werden können. Es gibt zwar Wertpapiere, die für die Börse nicht zugelassen sind und nur außerbörslich gehandelt werden können, aber wenn Sie ein Wertpapier an der Börse kaufen, dann werden Sie es auch an der Börse verkaufen können. Zum Handel mit Wertpapieren und ebenso für langfristige Investments in Wertpapiere benötigen Sie einen Broker, der für Sie die Wertpapiere kauft und verkauft. Denn nur der Broker hat die Lizenz, an der Börse zu handeln. Wie genau solche Handel verlaufen und was Sie sonst noch zum Geld anlegen an der Börse benötigen, erfahren Sie im fünften Kapitel dieses Ratgebers.

Das Wichtigste auf einen Blick!

❖ An der Börse erfolgt eine fortlaufende Notation der Kursentwicklung verschiedener Geldanlagen: Rohstoffe, Währungen (auch Devisen genannt), Aktien, Aktienindizes und weitere.

❖ Sie erhalten an der Börse Informationen, die Ihnen helfen, die Entwicklung der Wertpapiere zu beurteilen und Prognosen für die Zukunft anzustellen.

❖ Über einen Broker haben Sie die Möglichkeit, in Wertpapiere zu investieren oder diese wieder zu verkaufen. Dabei bestimmen stets Angebot und Nachfrage den Preis eines Wertpapiers. Ausnahme: Die Neu-Emission von Aktien, wenn ein Unternehmen die Börse betritt und den Wert festlegt.

Wertpapiere: Verschiedene Anlageklassen

An der Börse wird in Wertpapiere investiert. Spezielle Börsen, z. B. die Warenbörse, haben physische Güter als

Handelsobjekte, aber die Wertpapierbörse – welche die populärste Börse ist – hat nur Wertpapiere im Angebot. Wertpapiere gibt es in verschiedenen Anlageklassen:

- Aktien
- Fonds
- Anleihen
- Devisen
- Futures
- Zertifikate

Unter den genannten Anlageklassen sind für uns die Zertifikate unwichtig, da diese in unserem Konzept des Investierens in ETFs eine zu vernachlässigende Rolle spielen werden. Für uns interessant sind zuallererst Aktien, zu denen bereits das Wichtigste gesagt wurde: Es handelt sich um Anteile an Unternehmen. Wer eine gewisse Anzahl an Aktien kauft, der enthält die definierten Anteile an einem Unternehmen. Je mehr Aktien eines Unternehmens ein Anleger hält, desto stärker wird sein Einfluss beim Unternehmen. Wie stark der Einfluss wird, hängt zugleich aber auch von der Art der Aktie ab.

Hintergrundwissen

Es existieren Stammaktien und Vorzugsaktien. Die Stammaktien zeichnen sich durch Stimmrechte bei Jahreshauptversammlungen aus, während die Vorzugsaktien eine andere Eigenschaft haben, z. B. eine höhere Dividendenausschüttung.

Wichtig ist bei der Geldanlage in Aktien die Kenntnis darüber, in welcher Form die Rendite ausgezahlt wird. Gewinnt die Aktie eines Unternehmens im Kursverlauf an Wert, so wird der Gewinn nicht regelmäßig ausgezahlt. Der Gewinn wird erst beim Verkauf der Anteile realisiert. Dies ist einigen Anlegern nicht klar, die sich jährliche Gewinnzahlungen erhoffen. Jährliche Gewinnzahlungen hingegen gibt es nur in Form der Dividende, also der vom Unternehmen festgelegten Gewinnausschüttungen an Anteilseigner. Die Höhe der Dividende pro Aktie wird mit der Anzahl der eigenen Aktien multipliziert, was wiederum die Höhe der Auszahlung an den Anleger bestimmt. Es gibt allerdings Unternehmen, die auf Dividendenzahlungen verzichten oder diese gering halten, um vermehrt ins eigene Wachstum zu investieren. Eine solche Strategie fährt zum Beispiel der Großkonzern Amazon bereits seit dessen Bestehen erfolgreich und wächst konstant. Andere Unternehmen lassen die Dividendenzahlungen in Krisenzeiten aus, um die Ausgaben zu senken. Anleger können anhand einiger Kennzahlen (siehe 1.3) gezielt in Unternehmen mit hohen Gewinnausschüttungen investieren. Allerdings sollten die Dividenden im Rahmen einer klugen Anlagestrategie ohnehin reinvestiert und nicht für den privaten Konsum aufgewendet werden.

Neben Aktien gibt es die Fonds. Fonds sind gewissermaßen eine Sammlung mehrerer Wertpapiere. An dieser Stelle wird es für Sie besonders interessant, weil ETFs eine Art von Fonds sind. Da wir die Spannung noch einige Zeit aufrechterhalten wollen und noch mehr Grundlagenkenntnis erforderlich ist, verschieben wir weitere Informationen zu den ETFs auf das zweite Kapitel. Zunächst also einige Infos zu den Fonds im Allgemeinen: Fonds können auf eine Anlageklasse beschränkt oder Multi-Asset-Funds, also Multi-Anlageklassen-Fonds, sein. Sind Fonds auf eine Anlageklasse beschränkt, dann handelt es sich am häufigsten um Aktienfonds. Darin sind mehrere Aktien verschiedener Unternehmen enthalten. Bei Anleihen-Fonds sind die Anleihen mehrerer Staaten oder Unternehmen im Fonds. Auch bekannt sind die Immobilienfonds, wobei Immobilienfonds keine

Immobilien enthalten, sondern Aktien von Immobilienunternehmen. Der Grundgedanke eines Fonds ist die Risikostreuung: Anstatt alles auf einzelne Titel zu setzen, wird
in mehrere Titel investiert. Diese Vorgangsweise streut das
Risiko. Werden mehrere Titel gekauft, dann können die Verluste eines oder zweier Titel mit den Gewinnen der anderen
Titel abgefangen werden.

Kommen wir zu den Anleihen: Anleihen können von
Unternehmen, Staaten oder Institutionen herausgegeben
werden. Sie haben einen festen prozentualen Zinssatz, den
Sie für die Geldanlage erhalten. Es handelt sich im ferneren
Sinne um nichts anderes als einen Kredit, den Sie an den
Emittenten der Anleihe vergeben. Bei Anleihen gibt es häufig Mindestbeträge, die Sie investieren müssen. Sie haben die
Möglichkeit, die Anleihe zwischenzeitlich an andere Anleger
zu verkaufen. Lassen Sie eine Anleihe über den kompletten
Zeitraum laufen, so haben Sie schlussendlich Ihren anfangs
investierten Betrag zurück und durch die erhaltenen verein-
barten Zinsen einen Gewinn eingefahren. Allerdings muss
Gewinn relativiert werden: Denn sichere Anleihen von Staaten wie Deutschland oder großen Unternehmen haben häufig
eine negative Verzinsung, sodass Sie am Ende einen Verlust
machen. Möchten Sie mit Anleihen eine gute Rendite erhalten, müssen Sie mehr ins Risiko gehen und die Gefahr eines
Zahlungsausfalls in Kauf nehmen. Ein Mittelweg besteht im
Kauf von Anleihen moralisch fragwürdiger Unternehmen
oder Institutionen. Waffenhersteller und -händler beispielsweise weisen eine hohe Zahlungssicherheit auf, geben aber
dennoch Anleihen mit hohen Zinssätzen heraus, weil es
als Unternehmen aus der Rüstungs- bzw. Waffenindustrie
schwierig ist, über Privatanleger an Geld zu gelangen. Die
moralische Fragwürdigkeit einer Investition in Waffen und
Rüstung wiegt beim Großteil der Anleger schwer.

Devisen sind nichts anderes als Währungen. In eine
Währung kann durch den Kauf von Währungseinheiten

investiert werden. Demzufolge würden Sie bei einem Tausch von Euro in US-Dollar auf einen Wertanstieg des US-Dollar im Vergleich zum Euro investieren. In eine Währung investieren Sie also immer im Verhältnis zu der Ausgangswährung, von der Sie ausgehen. Neben dem Umtausch können Sie mittels Zertifikaten in Währungen investieren. Dabei haben Sie die Chance, auch auf fallende Kurse zu setzen. Mit einer Hebelfunktion gelingt es Ihnen, die Höhe des Betrags künstlich zu hebeln. So steigen Ihre Gewinnchancen, zugleich aber auch die Verlustchancen. Das Investment in Devisen ist eher kurzweilig und für beginnende Anleger nicht ratsam. Hierzu finden sich nähere Informationen im bereits erwähnten anderen Buch dieser Reihe.

Kommen wir abschließend zu den Futures als Anlageklasse: Futures werden im Deutschen als Terminkontrakte bezeichnet. Sie gewinnen vor allem im Kontext mit einem Investment in Rohstoffe an Bedeutung. Weil nämlich nur in Rohstoffe als physische Produkte und nicht als Wertpapiere investiert werden kann, wurden die Futures auf Rohstoffe als eine Art Rohstoff-Wertpapier geschaffen. Wie diese funktionieren, lernen Sie im Kapitel 3.1.1 im Kontext mit den Rohstoff-ETFs. Die Futures auf Devisen, Aktien und andere Anlageklassen sollen an dieser Stelle nicht weiter ausgeführt werden.

Das Wichtigste auf einen Blick!

❖ An der Börse kann in Wertpapiere verschiedener Arten bzw. Anlageklassen investiert werden.

❖ Die häufigsten Anlageklassen unter Privatanlegern sind Aktien und Aktienfonds. Es gibt ebenso Fonds, die mehrere Anlageklassen umfassen.

❖ ETFs gehören der Gruppe der Fonds an und weisen somit den wichtigen Vorteil der Risikostreuung auf.

❖ Weitere Anlageklassen unter den Wertpapieren sind u. a. Anleihen, Devisen, Futures und Zertifikate. Die letzteren drei sind für Anfänger unter den Anlegern komplex und sollten erst mit Erfahrung an der Börse zur Geldanlage erwogen werden.

Wichtige Begriffe und Kennzahlen

Kennen Sie die Glossare, die Sie auf den letzten Seiten von Fachbüchern vorfinden? In einem Glossar stehen die wichtigsten Begriffe, die im jeweiligen Buch erwähnt werden. Entweder werden die Begriffe kurz im Glossar erläutert oder es wird eine Seitenzahl neben dem Begriff angegeben, auf der Sie nähere Informationen zum Begriff im Buch erhalten. Das Glossar dieses Ratgebers finden Sie in den folgenden Zeilen, in diesem Unterkapitel 1.3. Der Grund dafür, dass das Glossar bereits im ersten Kapitel aufgeführt wird, liegt im Fokus dieses Ratgebers auf ETFs. Um ETFs thematisch abzuhandeln und Ihnen Investmentstrategien vorzustellen, ist eine umfassende Kenntnis über die Börse und Wertpapiere erforderlich. Um zu vermeiden, dass Sie in den folgenden Kapiteln permanent nach hinten blättern müssen, wurden Ihnen die elementaren Grundkenntnisse im Unterkapitel 1.2 vermittelt, die nun um verbleibende Begriffe und Kennzahlen erweitert werden. Setzen Sie sich intensiv mit den folgenden Informationen auseinander, um der Fortsetzung dieses Ratgebers möglichst einfach folgen zu können.

Der Chart und seine Analyse

Der Chart

Chart
Diagramm, in dem die Börsenkurse grafisch abgebildet werden.

Linienchart
Der Kursverlauf wird durch Linien dargestellt.

Balkenchart
Ein Balken für den Kurs eines Tages. Der tiefste Punkt des Balkens gibt den tiefsten Preis des Wertpapiers im Tagesverlauf an, der höchste Punkt den höchsten Preis des Wertpapiers. Zur linken Seite gibt ein Strich am Balken den Eröffnungskurs an, zur rechten Seite gibt ein weiterer Strich den Tagesschlusskurs an.

Candlestick-Chart
Ein Kerzenkörper gibt am unteren Ende den Eröffnungskurs, am oberen Ende den Schlusskurs an. Die Linie, die den Balken horizontal durchzieht, gibt am unteren Ende den Tagestiefststand und am oben Ende den Tageshöchststand des Wertpapiers an.
Anmerkung: Bei langfristigen Darstellungen des Kurses findet immer der Linien-Chart Anwendung, Balken- und Candlestick-Charts dienen nur der Abbildung des Kursverlaufs über einen oder mehrere Tage.

Analyse des Charts

Allzeithoch:
Der höchste Wert, den ein Wertpapier je hatte. Es wird der komplette historische Kursverlauf betrachtet, um diesen Wert zu finden.

Allzeittief:
Der tiefste Wert, den ein Wertpapier im gesamten historischen Kursverlauf je hatte.

Trendsurfing:
Es wird nach Hoch- und Tiefpunkten im Chart Ausschau gehalten. Geht es im Kursverlauf nach einem Hoch bergab, dann ist der Hochpunkt vorbei und es kommt ein Tiefpunkt. Sobald der Kurs vom Verlust in Gewinn umschwenkt, ist der Tiefpunkt am tiefsten Punkt vorbei und es geht in den Hochpunkt. Im Trendsurfing ist genau dann ein positiver Trend gegeben, wenn eine Aktie ein Hoch verzeichnet, das höher ist als das letzte und ein Tief, das höher ist als das letzte. Dann sollte die Aktie gekauft werden, weil davon ausgegangen wird, dass sich der positive Trend fortsetzt. Ein negativer Trend und somit ein Verkaufssignal ist dann gegeben, wenn zwei aufeinanderfolgende Hochs und Tiefs tiefer liegen als jeweils das letzte Hoch und Tief. Das Trendsurfing dient der Bestimmung eines idealen Kaufs- oder Verkaufszeitpunktes.

Anmerkung: Es existieren weitere Chart-Formationen. Dazu gehören Dreiecksformationen und Flaggen. Für Sie ist angesichts der Geldanlage in ETFs im Prinzip keine Chart-Formation relevant, nicht einmal das Trendsurfing. Als Beispiel wurde es dennoch angeführt. Sollten Sie parallel zu ETFs ihr Glück an einzelnen Wertpapieren versuchen, so ist das Trendsurfing ebenso einfach wie vielversprechend zur Bestimmung des idealen

Zeitpunktes fürs Kaufen, Halten oder Verkaufen einzelner Wertpapiere.

Die Unternehmensanalyse

Wichtigste Fundamentalfaktoren

Kurs-Gewinn-Verhältnis
Je niedriger das Verhältnis, desto stärker unterbewertet ist die Aktie des Unternehmens. Dies ist ein Punkt, an dem die Anleger kaufen sollten. Je höher das Verhältnis, desto stärker überbewertet ist das Unternehmen und es sollte verkauft oder von einem Kauf der Aktie Abstand genommen werden.

Ausschüttungsquote
Besagt, wie hoch das Verhältnis der Ausschüttungen an Anleger pro Aktie und der Gewinn einer Aktie zueinander ist. Die Höhe der Ausschüttungen sollte branchenintern, und nicht branchenübergreifend, miteinander verglichen werden.

(Operativer) Cash-Flow
Zeigt, wie liquide ein Unternehmen ist. Je höher der Cash-Flow, umso mehr Mittelzuflüsse und -abflüsse hat das Unternehmen und umso zahlungsfähiger ist es.

Marktkapitalisierung
Dies ist der Börsenwert des Unternehmens. Er ist die Grundlage für die Bildung der Indizes und bildet anhand einer Zahl ab, wie wertvoll ein Unternehmen ist.

Eigenkapitalrendite
Je höher die Eigenkapitalrendite ist, desto besser wirtschaftet ein Unternehmen aller Voraussicht nach. Diese Kennzahl ist aber nur branchenintern als Vergleichsfaktor zwischen Unternehmen heranzuziehen und nur dann positiv zu

21

gewichten, wenn das Unternehmen ein im Verhältnis zum Fremdkapital hohes Eigenkapital hat.

Anmerkung: Diese Kennzahlen können Sie einerseits selbst errechnen, andererseits sind sie auf nahezu jeder Website mit Börseninformationen vorhanden. Sie müssen nur den jeweiligen Titel, z. B. Aktie von Daimler oder Lufthansa, auswählen und die Informationen über das Unternehmen durchsuchen.

Unternehmensbezeichnungen

Blue-Chip
Sogenannte Standardwerte: Top-Unternehmen, unter den börsennotierten Aktien die Favoriten. Deswegen auch in den bekanntesten Indizes gelistet.[7]

Small Caps
Sogenannte Nebenwerte: Bezeichnung für kleine Aktiengesellschaften mit einer Marktkapitalisierung unterhalb der 250 Millionen €.[8]

Mid Caps
Keine eindeutige Definition. Bewegen sich zwischen den Small Caps und Large Caps. Sind häufig vielversprechender als Large Caps, weil sie noch großes Wachstumspotenzial haben und finanziell konsolidierter als die Small Caps sind. Dafür weisen sie eine geringere Krisenfestigkeit als Large Caps auf.

---

[7] https://wirtschaftslexikon.gabler.de/definition/blue-chips-29147
[8] https://www.boerse.de/boersenlexikon/Small-Caps

Large-Caps
Siehe Blue-Chip und Standardwerte

Growth-Aktien / Growth-Unternehmen
Aktien bzw. Unternehmen, die Wachstumsaussichten haben und geringe Gewinne erzielen, weil sie viel investieren, werden dem Growth-Sektor zugeordnet.

Value-Aktien / Value-Unternehmen
Aktien bzw. Unternehmen, die einen hohen Börsenwert haben, aber traditionellen Branchen angehören und wenig Wachstumsaussichten haben, werden dem Value-Sektor zugeordnet. Sie haben hauptsächlich deswegen noch einen hohen Wert, weil Anleger sie des Wertes wegen halten und die Unternehmen noch gebraucht werden.

Sonstige wichtige Begriffe und Kennzahlen

Ausgabeaufschlag / Agio
Gebühren, die beim Kauf von Fondsanteilen anfallen. Um den Vertrieb bei einer Fondsgesellschaft zu vergüten, wird beim Kauf von Fondsanteilen häufig eine Gebühr gezahlt. Die Gebühren fallen bei Online-Brokern und -Banken geringer aus als bei Filialbanken.

Baisse / Crash
Bärenmarkt, bei dem die Wirtschaft und somit zahlreiche Indizes sowie einzelne Titel starke Kursverluste über längere Zeiträume verbuchen

Beta
Kennzahl, die angibt, wie sich ein Titel im Vergleich zu dem Index, in dem er verzeichnet ist, entwickelt hat

Hausse
Gegenteil der Baisse, zu Deutsch: Bullenmarkt

Risikostreuung
Auch Diversifikation genannt. Wenn in mehrere Titel und nicht nur einen investiert wird, wird das Risiko auf sämtliche Titel verteilt. Diese Risikostreuung mindert die Verluste bei negativen wirtschaftlichen Entwicklungen, reduziert ebenso aber die Erträge.

Benchmark
Bei Fonds ist die Benchmark gewissermaßen das Ziel. Als Benchmark wird die Wertentwicklung eines dem Fonds ähnlichen Indizes ausgesucht und als Ziel festgehalten.

Performancegebühr
Mögliche zusätzliche Gebühr bei Fonds, die vertraglich mit dem Kauf der Fondsanteile geregelt ist. Kann z. B. dann anfallen, wenn die Wertentwicklung des Fonds die der Benchmark übertrifft.

Verwaltungsgebühr
Fällt ebenfalls bei Fonds an, um das Fondsmanagement zu vergüten.

Volatilität
Kursschwankung; je höher, desto stärker schwanken die Kurse und je niedriger, desto weniger schwanken die Kurse

Adhoc-Meldungen
Für börsennotierte Unternehmen verpflichtend. Sobald es eine Information aus dem Unternehmensinneren gibt, die den Kursverlauf des Unternehmens beeinflussen könnte, muss diese Information im Rahmen der gesetzlich

vorgeschriebenen Adhoc-Publizität sofort gemeldet werden. Ziel ist die Vermeidung von Marktmanipulation und Insiderhandel.

Zusammenfassung

Die Niedrigzinsphase, die Inflation und die Unsicherheit sowie die Ungerechtigkeit der Gesetzlichen Rentenversicherung machen es notwendig, sich mit dem Thema Geldanlage auseinanderzusetzen. Bei der Geldanlage an der Börse ergeben sich die größten Vorteile, weil hier einerseits mit langfristigem Anlagehorizont Geld angelegt und fürs Alter vorgesorgt werden kann. Andererseits ist es möglich, kurzfristig zu investieren und an der Börse gezielt das eigene Vermögen zu vermehren.

Die Börse an sich ist ein Handels- und Informationsplatz zugleich. Beobachten Sie die sekündlich aktualisierten Kursverläufe der Wertpapiere und Indizes, dann haben Sie jederzeit einen transparenten Überblick darüber, wie sich Ihr angelegtes Geld zurzeit entwickelt. Durch eine kluge Auswahl der Anlageklassen und Wertpapiere wird es möglich, die Risiken zu minimieren und dennoch gute Aussichten auf Renditen zu behalten. Eine solche kluge Auswahl der Anlageklassen und Wertpapiere ist insbesondere in den ETFs gegeben.

Passives Einkommen mit ETFs – Die Grundlagen

D er Großteil der Anleger stellt sich unter einer optimalen Geldanlage ein Produkt vor, in das einmal oder regelmäßig Geld angelegt wird, und für dessen Vermehrung anschließend nichts mehr gemacht werden muss. Dies entspricht zugleich einer passiven Einnahmenquelle. Während die Investition in einzelne Aktien bzw. Titel, die Erstellung eigener Portfolios, die Spekulation mit Hebeln auf Devisen und auch eine Vielzahl an Aktienfonds permanente Aktivität und Aufmerksamkeit von Anlegern verlangen, verhält es sich bei einer Geldanlage in ETFs anders. Hier können bedenkenlos höhere Summen an Geld angelegt und mehrere Jahre oder Jahrzehnte liegengelassen werden. Warum das so ist und was den ETFs diesen Status verschafft, darum geht es – unter anderem – in diesem Kapitel.

Was sind ETFs?

ETFs folgen dem Grundsatz einer passiven Geldanlage. Sie werden einmal gekauft und anschließend nicht gemanagt. Alternativ werden ETFs mit regelmäßigen Beträgen (z. B. monatlich) bespart und dabei ebenfalls nicht gemanagt. Sie gehören der Anlageklasse der Aktienfonds an, sind aber als passiv gemanagte Fonds einer eigenen Unterkategorie zuzuordnen. Blicken wir auf die zentralen Unterschiede zwischen aktiv gemanagten Aktienfonds und ETFs:

- Ziel: Bei aktiv gemanagten Aktienfonds ist das Ziel, den allgemeinen Markt zu schlagen, während ETFs die Marktrendite mit möglichst geringen Kostenabzügen erreichen sollen.

- Strategie: Um den Markt zu schlagen, werden aktiv gemanagte Aktienfonds von Fondsmanagern betreut, die regelmäßig Aktien ein- und verkaufen. So sollen die Gewinne kurzfristig mitgenommen und Verluste vermieden werden. ETFs setzen auf die Performance des Marktes. Sie bilden Indizes nach und sollen im Rahmen einer langfristigen Anlagestrategie vom wirtschaftlichen Wachstum profitieren, wobei vorübergehenden Wertentwicklungen nach unten keine Beachtung geschenkt wird.
- Bestückung des Portfolios: Bei Aktienfonds meistens kurzfristig mit einzelnen Aktien oder anderen Wertpapieren, die gemäß dem thematischen Schwerpunkt des Fonds (z. B. hohe Dividenden, Umweltschutz, Pharmabranche) ausgewählt werden. ETFs werden gemäß den Titeln bestückt, die in dem Index enthalten sind, den sie nachbilden sollen.

Quelle: Souverän investieren mit Indexfonds und ETFs (2011)[9]

ETFs werden vom jeweiligen Anbieter also nicht mit Mühe und Aufwand zusammengestellt. Nein, da gibt es keinen Fondsmanager, der täglich das Portfolio managt, Nachrichten liest, Aktien analysiert, Charts auswertet, Unternehmen bewertet oder anderen Verpflichtungen nachgeht. Bei einem ETF werden Aktien ins Portfolio eingefügt, die in ihrer Gesamtheit einen bereits existierenden Markt widerspiegeln und sich mit diesem Ziel auf einen bereits existierenden Index berufen. Dementsprechend sind ETFs häufig nach ihrem Anbieter und dem jeweiligen Index, den sie nachbilden sollen, benannt. Sollten Sie sich also die Kursentwicklung des DAX an der Börse ansehen, dann ist das in ungefähr

---

[9] Kommer, G.: Souverän investieren mit Indexfonds und ETFs, S. 177.

28

die Wertentwicklung, die Sie bei einem ETF sehen, der den DAX nachbildet. Dass eine Nachbildung nicht bei jedem Index einfach ist, werden Sie noch im nächsten Kapitel erfahren, wo unter anderem über die verschiedenen Arten der Nachbildung gesprochen wird. Darüber hinaus gibt es eine Situation, in der ETFs doch aktiv gemanagt und gezielt Änderungen vorgenommen werden. Notwendig wird ein aktives Management dann, wenn der Titel eines neuen Unternehmens in den jeweiligen Index aufgenommen wird, weil dieses Unternehmen unter Berücksichtigung der Kriterien des Indizes ein anderes Unternehmen vom Wert her überholt hat. Diese Maßnahmen sind jedoch nicht umfassend und – je nach Index – nur alle paar Monate notwendig.

Fürs Erste können Sie sich merken: ETFs bilden Indizes und somit den Markt bzw. die Wirtschaft nach. Sie erinnern sich noch an die Einleitung? Eine Wirtschaft wächst über einen längeren Zeitraum konstant, so die Annahme. Dementsprechend ist eine Investition in einen ETF als eine Investition in ein sicheres Streckenpferd zu betrachten. Dass es keine Sicherheiten an der Börse gibt, wird an dieser Stelle einmal außer Acht gelassen, weil ETFs die höchstmögliche Sicherheit in sich vereinen.

Nun gibt es noch eine Unterteilung zu berücksichtigen, um die ETFs als Anlageprodukte richtig zu identifizieren. Sie haben einerseits die aktiv gemanagten Fonds mit eigenem Fondsmanager kennengelernt, andererseits die passiven Fonds. Unter den passiven Fonds sind nicht automatisch sämtliche Fonds zugleich ETFs. Denn neben ETFs gibt es noch die einfachen Indexfonds. Neben vielen kleineren Unterschieden liegt der Hauptunterschied zwischen Indexfonds und ETFs in der Handelbarkeit: Indexfonds werden bei einer Fondsgesellschaft gekauft und verkauft, während ETFs an der Börse handelbar sind. Die Konsequenzen dieses Unterschieds sind im Folgenden tabellarisch abgebildet.

29

	Indexfonds	ETF
Handelbarkeit	Nur über die Fondsgesellschaft	An der Börse
Preisbildung	Einmal täglich	Permanent; spätestens minütlich
Gebühren	Mit Ausgabeaufschlag / Agio	Geld-Brief-Spanne

Quelle: Souverän investieren mit Indexfonds und ETFs (2011)[10]

Hintergrundwissen

Bei der Geld-Brief-Spanne handelt es sich um eine Kennzahl, die die Differenz aus dem Ankaufs- und Verkaufspreis abbildet. Der aktuelle Ankaufspreis ist der Briefkurs und liegt immer über dem aktuellen Verkaufspreis, der als Geldkurs bezeichnet wird. Dies hat zur Folge, dass wenn Sie zum selben Zeitpunkt dieselbe Menge der Anteile des ETFs kaufen und verkaufen würden, es Sie den Betrag in der Geld-Brief-Spanne kosten würde. Die Geld-Brief-Spanne ist – da Sie früher oder später die Anteile des ETFs verkaufen werden – als eine Gebühr anzusehen, die Sie an den Anbieter des ETFs entrichten.

Durch den Unterschied der ETFs zu anderen Indexfonds lässt sich der volle Name der ETFs nachvollziehen: ETF steht für Exchange Traded Fund, was ins Deutsche übersetzt „Börsengehandelter Fonds" bedeutet. Treffender ist

---

[10] Kommer, G.: Souverän investieren mit Indexfonds und ETFs, S. 178f.

die Bezeichnung als börsengehandelter Indexfonds, um das passive Management eines ETFs zu veranschaulichen.

Das Wichtigste auf einen Blick!

❖ ETFs sind börsengehandelte Fonds. Genau genommen handelt es sich um börsengehandelte Indexfonds, da sie stets die Strategie verfolgen, einen bestimmten Index nachzubilden.

❖ Durch die simple Strategie benötigen ETFs kein aktives Management, wie es beim Großteil der auf dem Markt existierenden aktiv gemanagten Fonds der Fall ist.

❖ ETFs werden einmal aufgesetzt und dann nicht mehr gemanagt; es sei denn, es erfolgt die Aufnahme neuer Titel in den Index. Dann muss der ETF umgeändert werden.

❖ Das Ziel von ETFs ist es, die Marktrendite mit möglichst geringen Kostenabzügen zu erzielen, nicht aber – wie es das Ziel aktiv gemanagter Fonds ist – den Markt zu schlagen.

Wie funktionieren ETFs?

ETFs werden von Kapitalanlagegesellschaften oder Fondsgesellschaften herausgegeben. Besonders wichtig ist in diesem Kontext, dass ETFs zum Sondervermögen – auch Treuhandvermögen genannt – gehören. Es ist demnach Pflicht, das Vermögen aus einem ETF getrennt vom Vermögen der herausgebenden Gesellschaft zu bewahren. Dadurch sind Sie als Anleger davor geschützt, Ihre Anteile zu verlieren, falls das Unternehmen Insolvenz anmelden muss. Zum Vergleich: Bei Aktien einzelner Unternehmen ist dies nicht der Fall. Haben Sie beispielsweise alles auf das Unternehmen Apple gesetzt und in dessen Aktien investiert, aber Apple geht Pleite, dann sind Ihre Anteile nichts mehr wert. Anders bei ETFs: Die herausgebende Fondsgesellschaft bewahrt den ETF als getrenntes Sondervermögen auf, und falls die Fondsgesellschaft bankrott wird, ist Ihr investiertes Kapital trotzdem immer sicher.

Blicken wir weiter über die herausgebende Gesellschaft hinaus und schauen speziell auf den ETF und dessen Bildung. Wer ETFs auf den DAX hält, sagt manchmal umgangssprachlich: „Ich investiere in den DAX." Dies ist aber falsch, weil der DAX kein Wertpapier ist, sondern ein Index. Es ist ein Verzeichnis, das der Veranschaulichung wegen an der Börse gebildet wird. Sämtliche Standardindizes, die sich weltweiten Ansehens und weltweiter Bekanntheit erfreuen, werden entweder an der Börse, von fachlichen Zeitungen oder von renommierten Finanzdienstleistern erstellt. In Verzeichnisse kann jedoch niemand investieren, weil sie keine Wertpapiere sind. Deswegen wurden die ETFs erschaffen – damit auf Umwegen ein Investment in Indizes möglich ist. So kann an der wirtschaftlichen Entwicklung partizipiert werden, indem die Indizes durch ein speziell geschaffenes Wertpapier nachgebildet werden.

Aber wie gelingt es, einen ETF zu schaffen? Im Grunde genommen ist es keine Kunst: Eine Fondsgesellschaft eröffnet einen neuen Fonds, in den sie die Aktien des Indizes hineinkauft. Die Gewichtung der einzelnen Titel muss dabei der des Indizes entsprechen, um dessen Wertverlauf möglichst exakt abzubilden. Wie genau dieser Mechanismus erfolgt und welche Arten der Nachbildung es gibt, erfahren Sie im nächsten Kapitel.

Das gesamte Management eines ETFs ist für die Fondsgesellschaft also denkbar einfach. Die Benchmark ist die Marktrendite abzüglich minimaler Abweichungen, die sich aus der Art der Nachbildung ergeben können. Es fällt keine

Performancevergütung an und ebenso entfällt der Ausgabe-aufschlag bei ETFs. Die Kosten fallen geringer aus als bei anderen Arten von Fonds. Der aktuelle Wert eines ETFs umfasst den Gesamtwert aller darin enthaltener Wertpapiere.

Das Wichtigste auf einen Blick!

❖ ETFs sind Sondervermögen. Sie bieten Anlegern eine grundlegende Sicherheit, auch dann, wenn der Herausgeber Insolvenz anmelden muss. Das investierte Kapital ist geschützt.

❖ ETFs füllen eine wichtige Lücke, die es zuvor auf dem Wertpapiermarkt gab, indem Sie indirekt die Investition in umfassende Wirtschaftsräume ermöglichen. Dies geschieht durch die Nachbildung von Indizes. So werden der DAX, Dow Jones oder andere Standardindizes und deren Kursverlauf durch einen ETF imitiert.

❖ Ein ETF wird geschaffen, indem sämtliche Titel des nachzubildenden Indizes in einen Fonds in derselben Gewichtung wie im Index hineingekauft werden.

❖ Durch den geringen Aufwand im Fondsmanagement und die Marktrendite als Benchmark fallen die Gebühren gering aus. Performancegebühren entfallen komplett.

Warum in ETFs investieren?

Tatsache ist: ETFs werden vor allem bei Privatanlegern, aber ebenso bei institutionellen Anlegern, immer beliebter. Besonders gut werden bei brokervergleich.de[11] die

---

[11] https://www.brokervergleich.de/wissen/statistiken/etfs-zahlen-und-fakten/

steigenden Beliebtheitswerte von ETFs grafisch mehrfach veranschaulicht. Im Folgenden dient die umfassende Tabelle der Zusammenfassung der Statistiken auf brokervergleich. de:

Jahr	Angelegtes Privatvermögen in ETFs in GER (in Mrd.)	Gesamtes Anlagevolumen in ETFs in GER (in Mrd.)	Weltweit in ETFs angelegtes Vermögen (in Mrd.)	Weltweit verwaltete ETFs (in Tsd.)	Anteil von ETFs an Investmentfonds (in Prozent)
2010	2,7	27,60	1.478	2,695	5,0
2011	2,6	30,60	1.526	3,262	/
2012	3,2	35,00	1.952	3,587	6,4
2013	4,0	42,90	2.403	3,913	/
2014	5,59	38,50	2.788	4,335	8,0
2015	7,69	47,80	2.998	4,833	9,5
2016	11,68	48,70	3.553	5,25	/
2017	16,56	56,30	4.841	5,707	/
2018	18,79	/	4.817	6,31	/
2019	30,66	/	5.398	/	/

Quelle: brokervergleich.de[12]

Ein triftiger Grund für das Investieren in ETFs ist der Trend der Massen. ETFs werden bei Anlegern deutschland- und weltweit zunehmend beliebter. Warum dies so ist, führt uns direkt zu den weiteren Gründen, die für eine Geldanlage in ETFs sprechen...

ETFs sind eine lukrative Geldanlage. Um dies nachzuvollziehen, können Sie die Renditen der einzelnen Indizes in Deutschland, Europa, den USA und im Prinzip in aller Welt durchsehen. Hier als Überblick die Renditen einzelner Indizes aus dem letzten Jahr:

---

[12] wie vorherige

Index	DAX	S&P500	Nikkei225	MSCI World	SMI	Hang Seng	Nasdaq
Rendite	25,6 %	28,9 %	18,2 %	25,2 %	26,0 %	9,1 %	38,0 %

Quelle: boerse.de[13]

Augenscheinlich schnitt die US-Wirtschaft angesichts der starken Performance der Indizes Nasdaq und S&P500 am besten ab, doch auch die anderen Entwicklungen der Indizes können sich sehen lassen. Sogar der durch den Handelskrieg zwischen den USA und China abgeschwächte Hang-Seng-Index konnte eine Rendite von 9,1 % verbuchen. Um anhand dessen die Lukrativität zu veranschaulichen: Welches Sparbuch oder Altersvorsorgeprodukt bietet Ihnen solche Jahresrenditen? Zugegebenermaßen: Das letzte Jahr war ein erstaunlich starkes Jahr an der Börse. In Zeiten des Corona-Virus sind nahezu all diese Renditen verloren gegangen, aber Sie werden im Laufe des nächsten Kapitels lernen, dass Krisenzeiten auf lange Sicht das Wachstum einer Wirtschaft kaum eindämmen können. Anders bei Einzelaktien, denn wer in einzelne Aktien investiert, geht ein hohes Risiko ein. ETFs aber streuen das Risiko und relativeren die Gefahren einer Geldanlage in einzelne Titel.

Der nächste triftige Grund für das Investieren in ETFs: ETFs sind lukrativ, weil sie das Risiko auf mehrere Titel streuen und auf lange Sicht mit hohen Renditen überzeugen. Häufig sind sie sogar, wie die Renditen des letzten Jahres in der obigen Tabelle zeigen, auf kurze Sicht lukrativ.

Blicken wir weiter auf den vorübergehend letzten Grund, weswegen in ETFs investiert werden sollte, so stoßen wir auf die Flexibilität in der Geldanlage. ETFs werden so sehr wie keine andere Anlageklasse bzw. Wertpapier-Art den Bedürfnissen von Sparern angepasst und auf Privatanleger

---

[13] https://www.boerse.de/

ausgelegt. So wird neben Profis der Wertpapiermarkt auch für beginnende Anleger absolut zugänglich und möglichst sicher. Es kann bereits mit kleinen Beträgen gespart werden, und es sind sowohl monatliche Beträge als auch hohe Einmalzahlungen möglich. Bei einer monatlichen Sparweise kommt der Cost-Average-Effect als ein ausschlaggebender Vorteil hinzu. Was der Cost-Average-Effect (zu Deutsch: Durchschnittskosteneffekt) bedeutet, wird in den abschließenden Kapiteln dieses Buches vorgestellt, sobald wir uns mit Anlagestrategien vertraut machen.

Und noch ein Grund für das Investieren in ETFs: Flexible Geldanlagemöglichkeiten und vorgefertigte Sparpläne ermöglichen sowohl Anfängern und Profis als auch Privatanlegern und institutionellen Anlegern die Geldanlage in ETFs.

Es existieren Altersvorsorgen, die auf ETFs aufgebaut sind. Versicherungsgesellschaften geben diese fondsbasierten Altersvorsorgeverträge wahlweise als private oder staatlich geförderte Altersvorsorge aus. Wieso sollte nicht auf diesem Wege in ETFs investiert werden? Die Gründe sind einfach: Zum einen performen diese Verträge nicht so gut wie die ETFs von Fondsgesellschaften, zum anderen sind die Kosten höher und der Ausstieg aus diesen Verträgen schwierig oder unmöglich. ETFs hingegen sind leicht zu Geld umzutauschen, was durch einen Verkauf an der Börse erfolgt. So kommen Sie an das investierte Geld im Rahmen einer einzigen Transaktion durch den Verkauf aller oder einiger Anteile am ETF wieder heran.

> ## Das Wichtigste auf einen Blick!
>
> ❖ Durch eine Geldanlage in ETFs folgen Sie einem weltweiten Trend unter den Anlegern. Dieser Trend ist zurecht vorhanden, denn:
> ❖ ETFs sind eine lukrative Geldanlage, bei der das Risiko gestreut wird.
> ❖ Bei ETFs ist flexibles Geldanlegen möglich, wobei die Anteile zu Handelszeiten an der Börse verkauft werden können, um sich die investierten finanziellen Mittel oder zumindest einen Teil davon verfügbar zu machen.

Für wen sind ETFs geeignet?

ETFs sind im Prinzip für jeden Anleger geeignet. Als primäre Zielgruppe werden meistens private Anleger genannt, die noch nicht viele Erfahrungen an der Börse haben. Wieso ist dem so?

Wenn wir uns die Ansprüche der unerfahrenen Anleger vor Augen führen, dann kommen wir nicht umhin, uns zunächst mit den Herausforderungen auseinanderzusetzen, denen sich jemand bei den ersten Schritten im Geld anlegen an der Börse entgegensieht. Zu diesen Herausforderungen gehört bereits die Einrichtung des Wertpapierhandels, bei der ein passendes Depot und ein Broker gefunden werden müssen. Zwar ist es wie beim Sparbuch möglich, bei einer Filialbank ein Depot zu eröffnen und die Brokerage der Filialbank zu nutzen. Aber dann wird es teuer. Angesichts der laufenden Kosten für Depot und Broker bei einer Filialbank wird die Rendite erheblich geschmälert. Dementsprechend ist der Weg über ein Depot bei einer Online-Bank oder einem Online-Broker wesentlich besser, weil geringere Kosten auf Anleger zukommen. Eine Depoteröffnung bei einer

Online-Bank oder einem Online-Broker geht allerdings mit der Herausforderung einher, dass die Schritte bis zur Geldanlage komplett allein gegangen werden müssen: Eröffnung des Depots, Auswahl der Wertpapiere und Beauftragung des Brokers mit Orders. Dies ist anspruchsvoll für Anfänger, auch wenn bereits nach den ersten zwei oder drei Orders die Sachlage bedeutend einfacher aussieht und abläuft. Man lernt also schnell dazu.

Hintergrundwissen

Mit Orders sind die Aufträge an den Broker gemeint. Wie bereits erwähnt, kann ein Anleger nicht selbst an der Börse handeln. Er beauftragt stattdessen einen Broker seiner Wahl. Eine Auftragserteilung zum Kauf oder Verkauf nennt sich Order.

Der Vorteil bei ETFs ist, dass sie all diese Schritte einfacher machen. Diverse Online-Banken und Online-Broker – mittlerweile gefühlt alle – haben ETF-Sparpläne im eigenen Angebot, sodass Anleger den Sparplan nur auswählen und einer transparenten sowie simplen Schrittfolge zur Investition in den jeweiligen ETF folgen.

Wieso sind ETFs noch für Anfänger unter den Anlegern interessant?

* **Größtmögliche Sicherheit**

    Durch die Risikostreuung und die Investition in Indizes wird, in Relation zu anderen Wertpapieren, das Kapital maximal sicher angelegt. Die Sicherheit rührt neben der Streuung daher, dass Indizes stets die größten und wertvollsten Unternehmen listen.

- **Passive Investition**

  Je weniger man auf einem Gebiet – in diesem Fall im Bereich Börse und Wertpapiere –bewandert ist, umso weniger möchte man zunächst selbst tun. So sinkt die Quote für Fehler und Verluste. ETFs sind eine passive Investition, bei der nicht einmal die Maßnahmen eines Fondsmanagers nachvollzogen werden müssen. Es muss nur der Index und die mit diesem in Verbindung stehende Wirtschaft betrachtet werden.

- **Geringe Kosten**

  Sowohl Fondsmanager als auch Performancegebühren entfallen. Denn die einzige Benchmark ist der nachgebildete Markt. Die geringen Gebühren für die Unterhaltung des ETFs sind nicht vergleichbar mit denen eines aktiv gemanagten Fonds.

Die Vorteile für Anfänger unter den Anlegern wurden bis hierhin so ausführlich behandelt, weil dies die Hauptzielgruppe dieses gesamten Ratgebers ist. Ebenso wie Sie als Anfänger profitieren, profitieren Sie zugleich als Profi. Profis neigen dazu, die anderen Anlageklassen zusätzlich oder separat zu nutzen, investieren gern in einzelne Titel und analysieren dabei die Charts usw. Dennoch wird unter all den Handlungen der Profis der ETF eine wichtige Beimischung, wenn nicht sogar Basis, der eigenen Wertpapier-Bestände sein. Somit sind ETFs schlussendlich für jede Art von Anleger hochinteressant.

Das Wichtigste auf einen Blick!

❖ ETFs machen Anfängern das Leben auf dem Wertpapiermarkt leicht, weil diverse Anfangshürden wegfallen.

❖ Mit ETFs kann vergleichsweise sicher und zudem passiv investiert werden.

❖ Die geringen Kosten im Vergleich zu aktiv gemanagten Aktienfonds sind für alle Personengruppen ein klarer Vorteil.

❖ Profis werden stets als Beimischung zum Portfolio oder als Basis des Portfolios von ETFs Gebrauch machen.

Zusammenfassung

ETFs sind Aktienfonds, die Indizes nachbilden und an der Börse gehandelt werden. Sie weisen nach Möglichkeit exakt die Zusammensetzung der Aktien-Titel und deren Gewichtung zueinander auf, wie es in dem Index der Fall ist, den sie nachbilden sollen. Durch diese Zusammensetzung müssen Indizes nur selten aktualisiert werden. Änderungen an ETFs sind nur dann notwendig, wenn an den Indizes etwas geändert wird. Dies ist jedoch selten der Fall, sodass das Management von ETFs passiv ist. Nach Herausgabe durch die Fondsgesellschaft wird also an den ETFs nur selten etwas geändert, weswegen ETFs günstiger als die Alternativen und aktiv gemanagten Aktienfonds sind.

Mit der Strategie, in ETFs zu investieren, ist es für Anleger wesentlich einfacher, die ersten Schritte bei der Geldanlage an der Börse zu gehen. Aus diesem Grund steigen Ansehen und Beliebtheit der ETFs hierzulande und weltweit, was sich faktenbasiert in den Mengen der Anleger in ETFs sowie der

Menge des angelegten Vermögens in ETFs niederschlägt. Je fortgeschrittener Anleger werden, desto mehr andere Anlageklassen rücken in den Fokus, aber die Bedeutung der ETFs als sichere und im Hinblick auf die Rendite aussichtsreiche Anlageklasse wird bestehen bleiben. ETFs müssen als Sondervermögen vom sonstigen Vermögen einer Fondsgesellschaft getrennt werden, was bedeutet: Selbst, wenn die herausgebende Fondsgesellschaft insolvent würde, wäre das in den ETF angelegte Vermögen der Anleger sicher.

Arten von ETFs

N eben dem sechsten Kapitel ist dieses das wohl wichtigste des Ratgebers. Es befasst sich nämlich mit den verschiedenen Arten von ETFs und legt damit den Grundstein für alle weiteren Kapitel. Der Grund, weswegen die Inhalte in den folgenden Abschnitten so wichtig sind, ist die Vielfältigkeit, mit der sich die ETFs in einzelne Arten klassifizieren lassen. Wir setzen uns mit der Klassifizierung nach Eigenschaften, der Klassifizierung nach Indizes sowie der Klassifizierung nach Anbietern auseinander. Dabei werden Sie bereits mehrere strategische Ausrichtungen von ETFs und deren Unterschiede kennenlernen, was eine entscheidende Vorarbeit für das siebte Kapitel darstellt. Zudem befassen Sie sich im Folgenden mit den verschiedenen Indizes und den Anbietern, die ETF-Produkte herausbringen. Beides ist bei der Umsetzung eines ETF-Sparplans elementar.

Klassifizierung nach Eigenschaften

Die Klassifizierung von ETFs anhand deren Eigenschaften ist die einzig korrekte. Im Gegensatz zur Klassifizierung nach Indizes und Anbietern richtet sie sich nämlich nach den Charakteristika von ETFs. Somit definiert sie die strategische Ausrichtung eines ETFs und beeinflusst die Art und Weise, wie Sie Geld in ETFs anlegen. Die Klassifizierungen nach Indizes und Anbietern hingegen beschreiben lediglich verschiedene Produkte und sind bei korrekter Betrachtung keine Arten von ETFs.

Unter der Klassifizierung nach den Eigenschaften ist es verbreitet, ETFs anhand folgender Merkmale zu unterscheiden:

- Anlageklasse

43

- Investmentstrategie
- Art der Nachbildung

Quelle: godmode-trader.de[14]

Unter der Anlageklasse ist die Art des Wertpapiers oder der Geldanlage zu verstehen. Die der breiten Masse am bekanntesten und in den meisten Sparprodukten verwendeten Wertpapiere sind Aktien, Fonds und Anleihen. ETFs auf Aktien und Anleihen sind weit verbreitet. Weniger verbreitet, aber ebenfalls vorhanden, sind ETFs auf die Anlageklassen Devisen, Rohstoffe und Immobilien.

Im Verlaufe der letzten Jahre sind ETFs bei Anlegern immer beliebter geworden. Als Folge dessen wurde das Portfolio an ETFs nicht nur hinsichtlich der abzubildenden Indizes gesamter Wirtschaften, sondern auch gesamter Branchen, erweitert. Dies bedeutet, dass Anleger, die im Rahmen ihrer Investmentstrategie an Aktien bestimmter Branchen interessiert sind, ETFs auf eben diese Branchen kaufen können. So lassen sich Investmentstrategien auf Unternehmen aus dem Umweltsektor, der Pharmaindustrie und weiteren Branchen mit ETFs fahren. Des Weiteren sind ETFs mit einer Klassifizierung nach Investmentstrategie und ebenso nach dem Muster bestimmter Unternehmens- oder Wertpapiermerkmale erhältlich: Geringe Volatilität der Wertpapiere, geringe Verschuldungsrate der Unternehmen, hohe Dividendenzahlungen; um nur einige Beispiele zu nennen. Möchten Anleger die Investmentstrategie verfolgen, in Unternehmen mit einer geringen Verschuldungsrate zu investieren, so besteht in Form von ETFs die Möglichkeit dazu.[15]

---

[14] https://www.godmode-trader.de/know-how/etf-exchange-traded-funds-eine-einfuehrung,4432087
[15] https://www.godmode-trader.de/know-how/etf-exchange-tradedfunds-eine-einfuehrung,4432087

Eine Klassifizierung von ETFs nach Art der Nachbildung richtet sich nach den Antworten auf die Fragen, wie viele Aktien der in einem Index befindlichen Unternehmen gekauft werden und in welchem Verhältnis zueinander dies erfolgt. Es besteht die Option, sämtliche Aktien eines Indizes zu kaufen und deren Anteil am ETF so zu gewichten, wie der Anteil der Aktien am Index ist. Alternativ kann eine geringere Menge an Aktien für den Index gekauft werden, die den Index möglichst realitätsgetreu nachbildet. Dieses Vorgehen ist bei größeren Indizes fast schon ein Muss, weil bei mehreren Hundert Aktien eine andere Art der Nachbildung außerordentlich kostenintensiv wäre.

Anlageklasse

Unabhängig davon, welche Investmentstrategie oder Art der Nachbildung ein ETF verfolgt, betrifft er immer eine der im folgenden vorgestellten Anlageklassen: Aktien, Anleihen, Devisen, Rohstoffe oder Immobilien. Sie dürfen bei der Auswahl von ETFs die Entscheidung für eine Anlageklasse als die Grundlage bezeichnen, die am Anfang der Geldanlage in ETFs steht. In jedem Fall sind Aktien als klar vorzuziehende Anlageklasse zu nennen.

Aktien
Ein ETF auf Aktien ist die populärste und von Anlegern am häufigsten gewählte Art eines ETFs. Er bildet die Entwicklung von ganzen Wirtschaften, oder je nach Investmentstrategie (für nähere Informationen siehe 3.1.2) auch einzelner Branchen oder Unternehmen ab. Am weitesten verbreitet ist die Geldanlage in ETFs, die ein Abbild von Wirtschaften sind. Für deutsche Anleger populär sind folgende Indizes:

- DAX

Seit dem Start der Indexbasis nach Punkten am 1. Juli 1988 erreichte der DAX eine durchschnittliche Rendite von 6,81 % pro Jahr.

Wer 1980 in den DAX investiert hätte, wäre bei einem Verkauf der Anteile Ende 2019 mit einer Rendite von jährlich 8,9 % aus dem Geschäft hervorgegangen.[16]

- MSCI World

  Durch einen Kauf globaler Aktien Anfang des Jahres 1993 und einen Verkauf aller Anteile Ende des Jahres 2007 wäre eine Rendite von 8,1 % jährlich zustande gekommen.

  Im Fünfjahreszeitraum zwischen 2014 und 2019 lag die Rendite bei 11,6 % pro Jahr.[17]

- MSCI Europe

  Zwischen einem Kauf der Anteile im Jahr 2013 und deren Verkauf im Jahr 2017 lagen 9,4 % Rendite im Jahr.

  Allein im Jahr 2019 lag die Rendite beim ETF *Xtrackers MSCI Europe Index UCITS ETF 1D* bei 27,01 %.[18]

Die ETFs, die die Indizes abbilden, fahren je nach deren Qualität eine vergleichbare oder nahezu dieselbe Rendite ein. Neben den genannten Indizes sind allem voran die Indizes

---

[16] https://www.boerse.de/grundlagen/aktie/Renditedreieck-Dax-Jaehrliche-Durchschnittsrenditen-seit-1980-8

[17] https://www.dividendenadel.de/msci-world-renditedreieck/

[18] https://www.justetf.com/de/etf-profile.html?isin=LU1242369327

aus den USA, der Dow Jones und der S&P500, maßgebend für Anleger. Der Großteil der erhältlichen ETFs enthält Wertpapiere von Unternehmen aus den USA, was dem hohen Kapitalaufkommen in den Vereinigten Staaten geschuldet ist.

Tipp!

Wenn Sie gezielt Geld in den ETF auf eine Volkswirtschaft anlegen möchten, aber nicht wissen, wie der Index der jeweiligen Nation lautet, dann geben Sie die jeweilige Nation bei Google ein und daneben den Suchbegriff „Index". Zum Beispiel: „Japan Index". Dann erfahren Sie, dass der Index für Japan „Nikkei" heißt. Im nächsten Schritt suchen Sie nach einem ETF auf den Nikkei, indem Sie „ETF Nikkei" bei Google eingeben. Es erscheinen mehrere Suchergebnisse, in denen Sie die verschiedenen ETFs finden und die Produkte nach deren Qualität analysieren können. Genauso gehen Sie vor, wenn Sie ETFs auf Indizes in Europa, der EU, den USA, der Welt, den Schwellenländern, bestimmter Branchen und andere Aktien-Indizes suchen.

Anleihen

Neben ETFs, die den Wertverlauf von Aktien-Indizes abbilden, ist es möglich, in ETFs auf Anleihen zu investieren. Anleihen sind Kreditvergaben von Anlegern an Unternehmen, Staaten, Institutionen oder andere Kreditnehmer. Wie diese Kreditvergaben verlaufen, durften Sie bereits im ersten Kapitel kennenlernen.

Um die Anleihen-ETFs als Finanzinstrument zu begreifen, ist zunächst eine gewisse Kenntnis über die Indizes auf Anleihen erforderlich. Die wenigsten Geldanleger sind nämlich darüber im Bilde, dass es auch auf Anleihen Indizes gibt. Wie Indizes auf Aktien, so sollen die Indizes auf Anleihen den Wertverlauf von Wertpapieren möglichst realitätsgetreu abbilden, nur eben mit Anleihen als Wertpapier-Art. Diese weniger bekannten Indizes auf Anleihen unterscheiden sich also kaum in Relation zu Indizes auf Aktien. Ebenso wie bei Aktien gibt es einen Index auf Industrieländer, nur diesmal auf deren Staatsanleihen. Des Weiteren sind Indizes vorhanden, die inflationsgebundene Anleihen einzelner oder mehrerer Staaten umfassen. Die gleiche Prozedur für Indexierungen von Anleihen gibt es auch bei Unternehmen. Bei ETFs auf Anleihen ist es für Sie essenziell, sich professionell zu informieren. Dabei sind Investmentgesellschaften wie Blackrock[19] insbesondere im Kontext mit ETFs auf Anleihen eine hochqualitative Anlaufstelle.

Devisen

Indizes auf Devisen zeichnet aus, dass sie den Wertverlauf einer Währung abbilden. Die Herausforderung hierbei ist, dass Devisen kein fester Wertanstieg oder Wertverfall zugeordnet werden kann. Damit ist gemeint, dass ein Satz wie „1 Euro ist im Wert um 2 Cent gefallen" falsch wäre. Bei dem

---

[19] https://www.blackrock.com/at/finanzberater-und-banken/produkte/fonds-im-fokus/fixed-income

Stückpreis einer Aktie hingegen lässt sich dies sagen. Aber der Euro? 1 Euro bleibt immer 1 Euro. Was die Wertentwicklung des Euros widerspiegelt, ist die Relation zur Wertentwicklung anderer Währungen. Sollte 1 Euro nach drei Jahren 2 Prozent mehr wert sein als 1 US-Dollar, dann kann konstatiert werden, dass der Euro in Relation zum US-Dollar um 2 Prozent im Wert gestiegen ist. Allerdings erzählt diese Statistik nicht die volle Wahrheit: Denn die Zunahme des Euro-Werts kann darin begründet liegen, dass der US-Dollar an Wert verloren hat. Einzig und allein in den Euro im Verhältnis zum US-Dollar Geld anzulegen, wäre riskant, weil einzelne Wirtschaftsmaßnahmen der Nationen oder politische Entscheidungen großen Einfluss auf den Wert nehmen können – sowohl temporär als auch langfristig. Aus diesem Grund existieren Indizes, die die Wertentwicklung des Euros im Vergleich zu mehreren Devisen widerspiegeln. ETFs auf diese Indizes streuen das Risiko und schicken den Euro wahlweise in ein Rennen mit Devisen anderer Industrienationen oder eines bestimmten Wirtschaftsraumes auf einem Kontinent.

Rohstoffe

Die Indizes auf Rohstoffe sind im Verständnis um einiges komplizierter als die Indizes auf Devisen. Hier kommen Herausforderungen gleich an mehreren Stellen auf:

1. Es kann nicht direkt in Rohstoffe investiert werden, ohne das physische Gut zu kaufen und zu lagern. Rohstoffe sind demnach kein Wertpapier.
2. Mit Futures, sogenannten Terminkontrakten, gibt es Wertpapiere, die den Wertverlauf eines Rohstoffs nachbilden. Der Haken: Mit der (Rest-)Laufzeit des Futures variiert der Preis.

3. Beim Investment in Futures kann es dazu kommen, dass durch das sogenannte „Rollen" die Preisentwicklung von Rohstoffen verfälscht abgebildet wird.

Ein Future ist ein Terminkontrakt, was bedeutet, dass eine schriftliche Abmachung darauf abgeschlossen wird, dass der Käufer eines Futures den jeweiligen Rohstoff zu einem bei Vertragsabschluss festgelegten und zugesicherten Preis kauft. Da der erhebliche Großteil der Trader mit Futures – es sind weit mehr als 90 Prozent – nicht daran interessiert ist, den Rohstoff zu kaufen, sondern nur an dessen Wertverlauf teilzuhaben, werden die Tauschgeschäfte nicht realisiert, sondern die Rollen des Käufers und Verkäufers werden getauscht. Aus der Differenz, die zwischen dem Kauf und dem Verkauf für den Käufer des Futures liegt, ergibt sich entweder der Gewinn oder aber der Verlust bei der Spekulation. Dieses Vorgehen beinhaltet jedoch zwei Probleme: Zum einen fließen in den Preis für den Rohstoff die Lagerkosten mit ein und bestimmen dessen Wert, was bedeutet, dass ein noch lange laufendes Future einen höheren Wert hat als ein kürzer laufendes Future. Zum anderen gibt es das Rollen: Damit ein Index langfristig unterhalten werden kann, müssen Futures gerollt werden. Dabei kann es zu höheren Kaufpreisen als Verkaufspreisen beim regelmäßigen Neukauf von Futures kommen, was einen Verlust zur Folge hat, obwohl der Rohstoffpreis eigentlich steigt.

Hintergrundwissen

Ein Index besteht aus Futures. Da Futures allerdings über einen begrenzten Zeitraum laufen und dann der Rohstoff erworben werden muss, müssen Futures für eine langfristige Aufrechterhaltung der Indizes vor deren Ablauf aufgelöst bzw. verkauft und anschließend neu gekauft werden. Während bei einem Index auf den DAX der Wertverlauf ununterbrochen konstant abgebildet werden kann, kommt es bei einem Index mit Futures durch Verkauf und Neukauf zu einer Unterbrechung. Mit dem Rollen ist gemeint, dass es beim Handel in bestimmten Monaten zu höheren Abschlagpreisen als beim Handel in anderen Monaten kommen kann. Grund dafür sind bei einigen Rohstoffen, wie z. B. Öl, häufig die Lagerkosten. Zudem fließen in das Rollen Veränderungen auf dem Markt ein. Somit kann es – trotz steigender Preise eines Rohstoffs – durch das Rollen, weil beispielsweise die Lagerkosten für den Rohstoff im neuen Future teurer sind, zu einem Wertverlust im Index kommen, obwohl der Preis des Rohstoffs an sich steigt.

ETFs spiegeln den Wertverlauf der Rohstoff-Indizes wider, wobei sie branchenspezifisch (z. B. Edelmetalle, Energieträger) oder nach anderen strategischen Ausrichtungspunkten ausgelegt sein können. Allgemeinhin gilt das Investment in Rohstoff-Futures als spekulativ. ETFs sind nur bedingt imstande, die Risiken auszugleichen. Außerdem darf in Deutschland nicht in Rohstoff-ETFs, sondern nur in Rohstoff-ETCs investiert werden. Diese ähneln den Rohstoff-ETFs weitestgehend. Sollten Sie mit dem Gedanken spielen, in einen Rohstoff-ETC Geld anzulegen, dann ist empfohlen, dass Sie bei der Auswahl eines Produkts ein starkes Augenmerk auf die Rollrenditen der vergangenen Jahre legen.

Immobilien
Bei der Anlageklasse Immobilien wird in Aktien von Unternehmen investiert, die in der Immobilienbranche tätig sind. Es gibt offene und geschlossene Immobilienfonds, wobei nur

offene Immobilienfonds an der Börse gehandelt werden. Die geschlossenen Immobilienfonds sind in einigen Staaten aufgrund von Risiken für die Anleger mittlerweile sogar verboten. Bei einem offenen Immobilienfonds wird Geld angelegt, wobei die Fondsgesellschaft Immobilien kauft und verkauft, anstelle des Verkaufs eventuell vermietet oder eine andere Strategie verfolgt. Auch ist die Beteiligung von Unternehmen, die in der Immobilienbranche tätig sind, ein mögliches Vorgehen der Fondsgesellschaft. Sie operiert vielfältig oder weniger vielfältig – was letzten Endes der Fall ist, hängt von der Fondsgesellschaft ab – in der Immobilienbranche. Zudem ist es möglich, dass eine Beteiligung an einzelnen Unternehmen erfolgt, wenn über die Börse Geld in Immobilien angelegt wird. Diese Unternehmen können Bauträger, Wohnungsbeteiligungsgesellschaften, Immobilienmakler und Firmen mit anderen Schwerpunkten sein.

Bei Indizes auf Immobilien spricht man von Verzeichnissen, die mehrere Immobilienfonds oder Immobilienunternehmen abbilden. Dabei wird bei der Zusammensetzung eines Indizes nach Art der Unternehmen (z. B. Bauingenieurfirma, Wohnungsbeteiligungsgesellschaft), Art der enthaltenen Immobilien (z. B. Wohnimmobilien, Gewerbeimmobilien, Denkmalschutzimmobilien) oder anderen Kriterien segmentiert. Ein ETF ist auch hier dazu gedacht, den Index hinsichtlich der enthaltenen Wertpapiere und deren Verhältnis zueinander sowie des Wertverlaufs möglichst übereinstimmend abzubilden. Der Immobilien-ETF ist zugleich ein ETF auf Aktien, wobei der Unterschied zu den ETFs auf Aktien bei der Spezialisierung auf Immobilien-Aktien liegt.

Investmentstrategie

Sobald die Anlageklasse eines Fonds gewählt wurde, ist die Wahl der Investmentstrategie der nächste Schritt. Häufig besteht die Investmentstrategie darin, bestehende und populäre Aktienmärkte nachzubilden. Dieser Strategie gehen die meisten ETFs nach. Sie findet auch in nahezu allen Sparprodukten von Versicherungsgesellschaften Anwendung, sofern die Sparprodukte auf ETFs basieren. Bei anderen Investmentstrategien werden Indizes gebildet, die sich nach bestimmten Faktoren richten. Aufgrund des damit verbundenen Aufwands sind diese ETFs kostenintensiver.

Aktienmärkte
Die einfachste und der breiten Masse bekannteste Investmentstrategie richtet sich nach den Aktienmärkten. Hierbei wird ein Markt nachgebildet, wobei sich die Art der Nachbildung (siehe 3.1.3) unterscheiden kann. Grundlage und zentrale Ausrichtung dieser Strategie ist allerdings ein bereits bestehender Markt, der mit einem bekannten Index nachgebildet wird. Bekannte Indizes sind:

- Indizes für die wertvollsten börsennotierten Unternehmen einzelner Staaten
- Indizes für nationenübergreifende Wirtschaftsräume
- Branchenspezifische Indizes

Die Indizes der wertvollsten börsennotierten Unternehmen einzelner Staaten sind zugleich die Leitindizes, weil sie die wirtschaftliche Situation des Landes widerspiegeln und somit für den Finanzmarkt eine zentrale Funktion erfüllen. In den USA sind dies beispielsweise die Indizes Dow Jones und S&P500. Der Dow Jones umfasst die 30 größten US-amerikanischen Standardwerte, wobei aufgrund der äußerst eigenen Bewertungskriterien *Amazon* als eines der wertvollsten Unternehmen nicht im Index gelistet ist. Wer breiter streuen und am Wachstum möglichst vieler US-amerikanischer Unternehmen partizipieren möchte, ist mit dem S&P500 besser beraten. Mehr zu den einzelnen Indizes erfahren Sie im folgenden Unterkapitel 3.2, wobei wir ebenso die Indizes nationenübergreifender Wirtschaftsräume unter die Lupe nehmen: MSCI World mit Aktien aus 23 Industrieländern, MSCI Emerging Markets mit Aktien aus den Schwellenländern, der Euro Stoxx 50 mit den 50 wertvollsten Aktien aus der Euro-Zone und weitere. Zuletzt sei auf die branchenspezifischen Indizes einzelner Staaten eingegangen: Dieser Aktienmarkt umfasst die Aktien von Unternehmen aus ein und derselben Branche. Besonders bekannt und täglich in der Berichterstattung ist der TecDAX in Deutschland, der die 30 größten Technologieunternehmen umfasst, die in der Wertung auf die Aktien aus dem DAX folgen. Neben den offiziellen branchenbezogenen Indizes existieren Indizes, die von Anbietern selbst erstellt werden, um entsprechende ETFs zu verkaufen. Diese segmentieren die Aktien für den Index nach eigenen Qualitätsstandards oder erweitern bereits existierende branchenbezogene Indizes, um eine noch breitere Risikostreuung zu ermöglichen.

Für Sie als Anleger ist wichtig, dass Sie sich zuerst der einfachen Anlagestrategie bewusstwerden, in bereits bestehende Aktienmärkte zu investieren. Dies geschieht mittels ETFs, die den Kursverlauf eines bekannten und in der Berichterstattung vorhandenen Indizes (z. B. DAX, SDAX, Nikkei) nachbilden. Diese ETFs sind die günstigsten auf dem Markt, weil sie eine bereits vorhandene Vorlage nutzen. Etwas teurer sind die ETFs von Anbietern, die bestehende Indizes selbst erweitern oder anderweitig modifizieren oder aber komplett neue Indizes aufsetzen, die branchenbezogen sind. Damit haben wir die Überleitung zu einer weiteren Investmentstrategie geschaffen: Faktorbezogene ETFs.

Faktorbezogen

Ein faktorbezogener ETF folgt einem Index, der nach gewissen Faktoren von einem Anbieter erstellt worden ist. Diese Faktoren beziehen sich auf die Qualität oder die Auswahl bestimmter Zeitpunkte. MSCI ist uns bereits aus dem MSCI Europe, dem MSCI World und anderen Aktienindizes bekannt. Es handelt sich um einen Finanzdienstleister mit dem vollen Namen *Morgan Stanley Capital International Inc.*, der Indizes erstellt und berechnet, die größtenteils eine zentrale Benchmark für die Fondsmanager und Anleger darstellen.[20] In dieser Rolle bietet der MSCI als Marktführer für das Indexing auch faktorbezogene Indizes an, die aufgrund ihrer speziellen Ausrichtung der breiten Masse weniger bekannt sind. Bei einem Besuch der Website des MSCI[21] sind folgende Faktoren für faktorbezogene Indizes genannt:

- Volatility (Volatilität)
- Yield (Rendite)
- Quality (Qualität)
- Momentum (Trend)
- Value (Wert)
- Size (Größe)

Die einzelnen Faktoren werden auf der Website des MSCI in einzelnen PDFs näher beschrieben. Für Sie als Anleger sind sie nur wichtig, sofern Sie eine faktorbezogene Investmentstrategie bei der Geldanlage in ETFs erwägen. Denn die Anbieter (siehe 3.3) richten sich bei faktorbezogenen ETFs häufig nach den Indizes oder Kriterien des MSCI. Somit sind Sie für eine Beurteilung der Qualität der ETF-Produkte von Anbietern mit einer grundlegenden Kenntnis dieser Faktoren bestens beraten. Für nähere Informationen ist daher

---

[20] https://boersenlexikon.faz.net/definition/msci/
[21] https://www.msci.com/factor-indexes

ein Besuch der oben verlinkten MSCI-Website wärmstens empfohlen, um dort die einzelnen Faktoren in den PDFs genau kennenzulernen. Hier wird kurz auf die Bedeutung der einzelnen Faktoren eingegangen. Außerdem gibt es noch andere Faktoren als nur die vom MSCI genannten, weswegen eine Eigenrecherche nach faktorenbasiertem Indexing im Internet und in der Literatur angeraten ist.

Der Faktor Volatilität hat zur Folge, dass ein Index mit Aktien erstellt wird, die historisch zu einer geringen Volatilität neigen. Diese Ausrichtung geht mit geringeren Risiken in der Geldanlage, aber ebenso geringeren zu erwartenden Renditen, einher.

Beim Renditefaktor werden Unternehmen in den Index aufgenommen, die stark unterschätzt sind, dafür aber hohe Renditen durch Dividenden und Kursgewinne in Aussicht stellen.

„Qualität" bedeutet im Sinne des MSCI für das Indexing, dass Unternehmen zunächst langfristige Geschäftsmodelle vorzuweisen haben müssen. Darüber hinaus sind Wettbewerbsvorteile der Unternehmen im Vergleich zur Konkurrenz ein zentrales Qualitätsmerkmal.

Der Begriff „Momentum" ist derweil beim MSCI komplex definiert. Es geht um die Indexierung von Aktien, bei denen in den nächsten sechs oder zwölf Monaten ein verstärktes Wachstum zu erwarten ist. Dabei wird der Begriff „Trend" vom MSCI als wichtiger Einfluss auf das Momentum genannt. Demnach sind Aktien, die im Trend sind, oder Aktien aus trendigen Branchen dafür prädestiniert, nach dem Momentum indexiert zu werden.

Um Unternehmen nach deren Wert zu indexieren, werden Kriterien zur Unternehmensbewertung herangezogen, die bereits in Kapitel 1 erwähnt wurden. Es handelt sich u. a. um das Kurs-Buchwert-Verhältnis sowie den operativen Cashflow. Letzten Endes soll nach Berücksichtigung dieser

Kriterien zur Unternehmensbewertung ein Index mit Aktien entstehen, die wertvoll, aber zurzeit unterbewertet sind.

Die Größe von Unternehmen als letzter in der Liste vom MSCI genannte Faktor dient dazu, sogenannte „Small Caps" auszumachen. Im Gegensatz zu den „Large Caps" bzw. „Bluechips" sind dies Unternehmen, die eine geringere Marktkapitalisierung aufweisen. Die vielversprechendsten Small Caps werden ausgesucht und indexiert. Small Caps weisen in der Regel ein höheres Renditepotenzial als Large Caps auf.[22]

Die Kosten für einen faktorbezogenen ETF variieren im Vergleich zu dem, der einen bestehenden Index abbildet, nicht. Denn weil der MSCI oder andere Gesellschaften die faktorbezogenen Indizes zusammenstellen, müssen Anbieter von ETFs lediglich den Index nachbilden. Erneut ist ein passives Fondsmanagement gegeben, was die geringen Gebühren für das Investment erklärt. Sie als Anleger müssen bei einer faktorbezogenen Investmentstrategie demnach nicht mit höheren Gebühren rechnen.

Faktorbezogen (mit Recherche)
Die faktorbezogenen ETFs mit Recherche sind im Prinzip keine ETFs. Sie werden als RAFI-ETFs bezeichnet und stellen einen neuen strategischen Ansatz dar, der in den Breitengraden Mitteleuropas weniger bekannt ist. Die RAFI-ETFs haben ihren Ursprung in den USA, wobei RAFI als Abkürzung für „Research Affiliated Fundamental Indexing" steht. Pflücken wir den Begriff auseinander, entdecken wir, dass nach den Leitsätzen einer Fundamentalanalyse von Unternehmen indexiert wird. Wie im faktorbezogenen Investieren werden also Kennzahlen aus der Unternehmensanalyse herangezogen, um über die Bildung des Aktienindizes zu entscheiden. Der entscheidende Unterschied zum rein faktorbezogenen Investment besteht darin, dass zusätzlich recherchiert wird

---

[22] https://www.msci.com/factor-indexes

und der Fonds gemanagt wird. Weil die Regeln und Grundsätze des Fondsmanagements eng gestrickt sind und den Aufwand des Fondsmanagements reduzieren, wird von ETFs gesprochen. Die Gebühren fallen unter allen Arten von ETFs bei den RAFI-ETFs im Schnitt am höchsten aus. Schlussendlich sind RAFI-ETFs eine für Sie als Einstiegsanleger abwegige Investmentstrategie. Sind Sie fortgeschritten, dann können Sie sich gern mit RAFI-ETFs auseinandersetzen, ansonsten wird von einem Investment abgeraten, weil die Gebühren höher ausfallen und die Merkmale sich mit denen aktiv gemanagter Fonds stark überschneiden.

Art der Nachbildung

Indizes, die wenige Dutzende an Titeln umfassen, lassen sich einfach nachbilden. Anders ist es wiederum bei Indizes mit Hunderten von Titeln. Folglich gibt es zur Nachbildung eines Indizes zwei wichtige Methoden: Die physische Replikation sowie das physische Sampling. Eine weitere und seltener angewandte Art ist die synthetische Replikation, bei der im Rahmen eines Tauschgeschäfts mit einem „Swap-Partner" andere Titel als die im Index befindlichen in den ETF aufgenommen werden.

Physische Replikation
Bei der physischen Replikation wird eine Strategie der 1:1-Nachbildung verfolgt. Ist in einem Index eine Anzahl x an Wertpapieren enthalten, so wird dieselbe Anzahl x an Wertpapieren in den ETF aufgenommen. Dies erfolgt in derselben Gewichtung der Aktien, wie sie im Index gegeben ist. Es wird also ein bestimmtes Volumen gewählt, den der ETF haben soll. Entsprechend dieses Volumens werden Aktien der im Index befindlichen Unternehmen aufgekauft, damit am Ende im Hinblick auf die Marktkapitalisierung und den

Börsenumsatz eines jeden Titels dasselbe Verhältnis wie im Index gegeben ist.[23]

Ein Beispiel veranschaulicht dies näher: Ein Index enthält 20 Titel, also 20 verschiedene Wertpapiere. Dieser Index hat ein Volumen von 77 Milliarden Euro. Der ETF darauf soll ein Volumen von 800 Millionen Euro haben. Nun wird geprüft, wie hoch der Anteil jeden Titels an den 77 Milliarden Euro des Indizes ist. Hat Aktie A eine Marktkapitalisierung und einen Börsenumsatz in Höhe von 13 Milliarden und 90 Millionen Euro, so entspricht dies einem Anteil von 17 Prozent am Index. Also wird Aktie A mit einem Anteil von 17 Prozent an den angestrebten 800 Millionen Euro ETF-Volumen für den ETF gekauft. Diese 17 Prozent entsprechen 136 Millionen Euro. So wird der Vorgang für jeden Titel wiederholt, bis sämtliche Titel aus dem Index in demselben Anteil wie am Index auch im ETF enthalten sind.

Die Methode der physischen Replikation ist die einfachste. Es sitzen Personen an der Erstellung des ETFs, die auf technischem Wege durch eine Software unterstützt werden. Der ETF muss, nachdem er einmal erstellt wurde, nicht gemanagt werden, weil er als 1:1-Nachbildung eines Indizes fungiert. Es gibt eine Ausnahme, bei der aktiv eingegriffen werden muss: Sollte ein neuer Titel in den DAX aufrücken und ein vorheriger entfallen, dann muss nachjustiert werden.

Physisches Sampling
Ein physisches Sampling folgt von der Grundidee her der physischen Replikation. Ziel ist es, die im Index enthaltenen Titel für den ETF zu übernehmen und somit die Wertentwicklung des Index am ETF realitätsgetreu widerzuspiegeln. Allerdings ist dies nicht bei jedem Index einfach, wenn man bedenkt,

---

[23] https://www.handelsblatt.com/adv/etfwissen/etf-wissen-wie-etfs-einen-index-nachbilden/14665856.html?ticket=ST-931993-eILI3n9TC2UUrddLfYWy-ap4

dass bestimmte Indizes mehrere Hundert Titel umfassen. Insbesondere die MSCI-Indizes, die die Aktien mehrerer Wirtschaftsräume über die Landesgrenzen hinaus enthalten, sind für eine physische Replikation zu umfassend und aufwendig. In diesem Fall findet ein Sampling statt, was gewissermaßen – analog zur Übersetzung des Wortes „Sampling" ins Deutsche – ein Stichprobenverfahren nutzt. Es werden mehrere Aktien aus einem umfangreichen Index für den ETF ausgesucht, sodass insgesamt mehrere Dutzend Wertpapiere im ETF enthalten sind und das Risiko gestreut wird. Die Auswahl für Aktien wird so getroffen, dass sie den Wertverlauf des gesamten Indizes möglichst akkurat widerspiegeln.

Hintergrundwissen

Häufig wird ETFs nach dem physischen Sampling vorgeworfen, illiquide zu sein. Mit Illiquidität im Kontext von Wertpapieren ist gemeint, dass die Wertpapiere nicht an der Börse handelbar sind und es schwierig ist, die Wertpapiere zu verkaufen. Bei einer genauen Tatsachenprüfung zeigt sich allerdings, dass dies bei den ETFs führender Anbieter, die die großen Aktienindizes aus der Welt nutzen, nicht der Fall ist. Diese arbeiten mit Market Makern zusammen. Der Verkauf des ETFs erfolgt an den Market Maker, der daraufhin den ETF an den Anbieter verkauft, von dem der ursprüngliche Kunde den ETF gekauft hatte, um in diesen zu investieren. Der Anbieter gibt die im ETF enthaltenen Wertpapiere einzeln an den Market Maker heraus. Dieser wiederum kann nun die einzelnen Titel an der Börse verkaufen.

Da der Aufwand und die Kostenintensität einer maximal akkuraten Nachbildung eines Indizes durch einen ETF bei der Sampling-Methode für den Anbieter zu hoch wären, werden in der Praxis geringe Abweichungen von der Rendite der Indizes in Kauf genommen. Es ist für eine Auswahl des Produkts für Anleger essenziell, sich die Zusammensetzung und Performance eines solchen ETFs über die letzten Jahre anzuschauen.

Synthetische Replikation

Bei der synthetischen Replikation investiert der Anleger zwar in einen ETF, der aber andere Titel als die des Indizes, den er abbilden soll, enthält. Die synthetische Replikation erfolgt immer mit einem sogenannten „Swap-Partner". Dieser sichert dem Anleger die Rendite des jeweiligen Indizes zu. Im Gegenzug erhält er eine zusätzliche Swap-Gebühr und stellt sich mit dem Geld des Anlegers ein eigenes Wertpapier-Portfolio zusammen; also gewissermaßen einen eigenen ETF. Der Anbieter bzw. Swap-Partner erwartet vom eigenen Wertpapier-Portfolio eine höhere Rendite als die des ETFs, weil er mit Fondsmanagern und Spezialisten zusammenarbeitet. Der Vorteil für den Anleger ist, dass er sich keine Sorgen um die Qualität der Nachbildung eines Indizes machen muss, weil der Swap-Partner ihm die Rendite des betreffenden Indizes zusichert.[24] Der Nachteil besteht in der Swap-Gebühr. Zudem häufen sich Kritiken, wonach das Tauschgeschäft hoch spekulativ sei. In der Fachsprache ist von einem „Kontrahentenrisiko" die Rede, bei dem im Falle eines Zahlungsausfalls des Kontrahenten, also des Swap-Partners, die Rendite für den Anleger nicht zugesichert werden könne. Weil es sich bei den Swap-Partnern vermehrt um Banken oder andere große Anbieter handelt, sind die Renditen durch Sicherheiten, wie beispielsweise Staatsanleihen, jedoch immer abgesichert.

---

[24] https://www.handelsblatt.com/adv/etfwissen/etf-wissen-wieetfs-einen-index-nachbilden/14665856.html?ticket=ST-931993-eILI3n9TC2UUrddLfYWy-ap4

Angesichts der Tatsache, dass insbesondere die physische Replikation und bei hochqualitativen Anbietern auch das physische Sampling zuverlässig den Wertverlauf eines ETFs abbilden, ist Ihnen fürs Erste von ETFs mit synthetischer Replikation abzuraten. Sofern Sie bereits Vorkenntnisse aufweisen, können Sie sich gern näher über entsprechende ETFs informieren. In diesem Ratgeber wird auf ETFs nach synthetischer Replikation jedoch nicht weiter eingegangen.

Klassifizierung nach Indizes

Bei einer Klassifizierung nach Indizes werden ETFs gemäß dem Index, den Sie nachbilden, benannt und unterschieden. Man spricht dann von „DAX-ETFs", „Nikkei-ETFs" und „MSCI-World-ETFs". Diese Klassifizierung ist äußerst umgangssprachlich. Sie verrät einzig und allein, was nachgebildet wird, aber nicht, wie nachgebildet wird – wobei die Art der Nachbildung das wesentliche ist. Um die Standard-Indizes kennenzulernen, lohnt es sich trotzdem, einen Blick auf die Klassifizierung nach Indizes zu werfen. Im Folgenden blicken wir auf den DAX aus Deutschland, auf die US-amerikanischen Indizes, betrachten einen weiteren nationalen Index und setzen uns mit den weltweit bedeutenden MSCI-Indizes auseinander.

DAX

Beginnen wir in unserer Betrachtung mit dem DAX, weil es sich dabei um den in Deutschland wichtigsten Index handelt. Er ist zugleich ein Standardindex, weil er offiziell und nicht von einem Anbieter oder einer Fondsgesellschaft in Eigenregie aufgesetzt ist. Der DAX enthält die nach Marktkapitalisierung vermögendsten und wertvollsten 30 Unternehmen Deutschlands. Im Deutschen Aktienindex enthalten sind mitunter folgende Unternehmen:

- adidas (Sportartikelbranche)

- Allianz (Versicherungsbranche)
- Bayer (Pharmaindustrie)
- Daimler (Automobilbranche)
- Deutsche Bank (Bankwesen)
- Lufthansa (Flugbranche)
- Münchener Rückversicherungs-Gesellschaft (Versicherungsbranche)
- Wirecard (Elektronische Zahlungs- und Risikomanagementlösungen)

Quelle: finanzen.net[25]

Die Wertentwicklung des DAX seit 1994 fällt wie folgt aus:

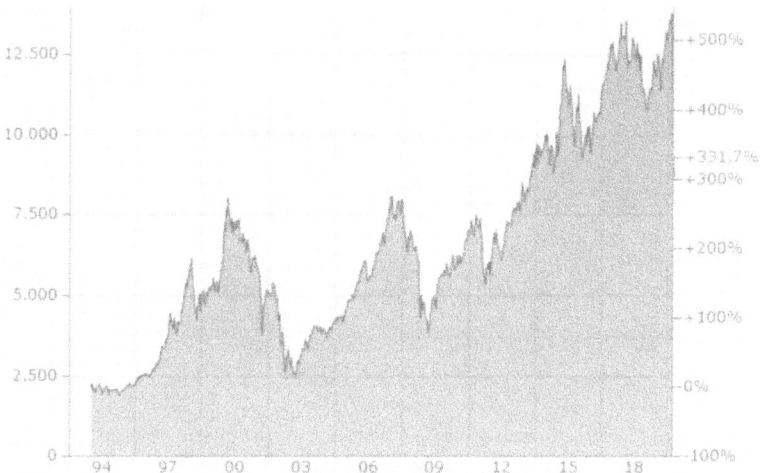

Quelle: finanzen.net[26]

Wenn uns diese Statistik eines zeigt, dann dass auf jeden Crash eine Erholung folgte und die deutsche Wirtschaft sich über einen längeren Zeitraum stets weiterentwickelte. Dies

---

[25] https://www.finanzen.net/index/dax
[26] wie vorherige

63

trifft sowohl auf die Phase nach der geplatzten Dotcom-Blase um die Jahrtausendwende herum zu als auch auf die Weltwirtschaftskrise 2007. Somit wird das Kernargument für eine Investition durch den Kursverlauf des DAX unterstützt: Auf lange Sicht – im Idealfall über ein Jahrzehnt hinweg – entwickelt sich die Wirtschaft stets weiter, sodass Renditen im zumindest zweistelligen prozentualen Bereich wahrscheinlich sind.

Demgegenüber zwei einzelne Aktien im Vergleich, die im DAX enthalten sind: Zum einen die der Lufthansa...

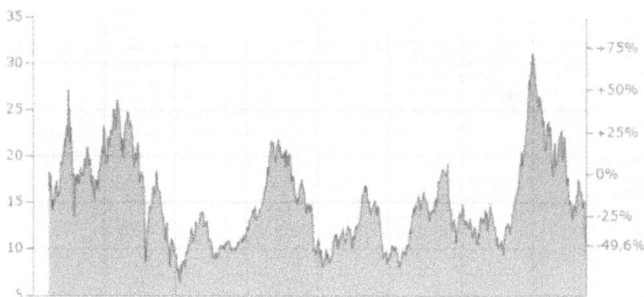

Quelle: finanzen.net[27]

...und zum anderen die der Deutschen Bank.

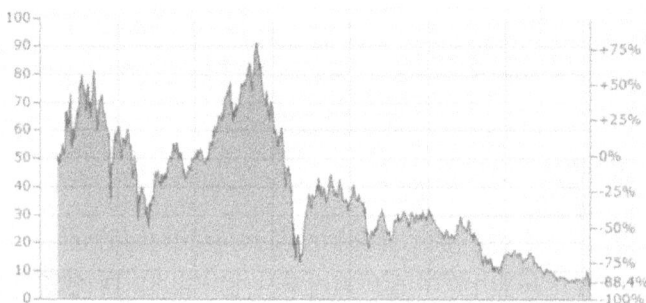

Quelle: finanzen.net

---

[27] https://www.finanzen.net/aktien/lufthansa-aktie

Es zeigt sich, dass beide Aktien im Verlauf knapp zweier Jahrzehnte insgesamt ein Minus gemacht haben. Dies veranschaulicht nochmals die Ausprägung des Risikos eines Investments in Einzelaktien. Wer in eine der beiden oder auch in beide Aktien Anfang 2000 investiert und heute die Anteile verkauft hätte, hätte einen beträchtlichen Anteil seines Geldes verloren. Doch trotz solcher Unternehmen hat es der DAX insgesamt geschafft, eine Rendite zu erzielen, die sich sogar im dreistelligen prozentualen Bereich befindet. Das Prinzip der Risikostreuung greift eindrucksvoll. Aber der Vergleich der Kursverläufe der Lufthansa-Aktie und der Aktie der Deutschen Bank ermöglicht noch weitere Erkenntnisse.

Die wichtigste Erkenntnis ist, dass es bei der Lufthansa nach den Krisen immer wieder derart bergauf ging, dass es neue Allzeithochs gab. Nicht umsonst notierte die Lufthansa zum Beispiel 2017 ein Allzeithoch. Zwar ist die Aktie heute (Stand: März 2020) seit dem Allzeithoch bedeutend an Wert gesunken, was allerdings eine Folge der Corona-Krise, des nach 2017 gestiegenen Ölpreises sowie interner Faktoren ist. Sollten sich die Zustände bessern, ist zu erwarten, dass die Lufthansa in den folgenden zehn Jahren wieder ein neues Allzeithoch erreicht. Die Deutsche Bank hingegen ist seit dem Allzeithoch infolge der Weltwirtschaftskrise 2007 in den Keller gerutscht, konnte zwar einen zwischenzeitlichen Anstieg zur Erholung verbuchen, geht aber von da an in regelmäßigen zeitlichen Abständen von einem Allzeittief zum nächsten. Es handelt sich bei der Deutschen Bank um eine jener Firmen, die der Bezeichnung als Zombiefirma nicht mehr fern sind – sie ist fast derart hoch verschuldet, dass Experten und Analysten nur auf den Niedergang des Unternehmens warten. Diese Erkenntnisse aus dem Vergleich zweier Aktien sollten dazu animieren, ETFs das Vertrauen zu schenken. Zwar ist ein Investment in einzelne Aktien per se kein abzulehnendes Verfahren, wo doch reichlich Anleger glücklich und Profis auf diesem Wege reich werden. Aber für die Basis eines Wertpapier-Bestands und mit langfristigem

Blickwinkel sind ETFs das einzig Wahre für Anfänger im Bereich der Geldanlage. Neben dem DAX gibt es für ETFs den MDAX, SDAX und TecDAX als wichtige Indizes. Diese haben im Laufe der Jahrzehnte in den meisten Zeiträumen ebenfalls Renditen im zweistelligen Bereich verzeichnet.

Dow Jones, Nasdaq und S&P500

Für die Weltwirtschaft maßgeblich sind die amerikanischen Indizes Dow Jones, Nasdaq und S&P500, weil die Vereinigten Staaten die Nation sind, deren Unternehmen den größten Anteil am weltweiten Kapitalmarkt ausmachen. Der älteste der Indizes ist der Dow Jones. Im Dow Jones wird die Auswahl der Aktien vom *Wall Street Journal* getroffen. Die Gewichtung der Titel im Dow Jones erfolgt anhand der Unternehmensgröße und der Anzahl der gehandelten Aktien. Es sind 30 Titel enthalten. Die Kurse der Aktien werden addiert und durch einen konstanten und festgelegten Divisor geteilt, um in den Index zu gelangen. Aufgrund dieser Berechnungsform und der Sonderbehandlung des Aktiensplittings wird der Dow Jones vielfach kritisiert. Dies ist der Grund, weswegen die beiden anderen Indizes an der New Yorker Börse entwickelt wurden.

Hintergrundwissen

Das Aktiensplitting wird von Unternehmen angewandt, um aus einer Aktie mehrere Aktien zu machen. Je nach Verhältnis, z. B. 1:2 oder 1:4, käme es zu einer Teilung einer Aktie in zwei bzw. vier Aktien. Die Beweggründe für eine solche Maßnahme sind bei Unternehmen verschieden. Am häufigsten ist dieses Vorgehen aus strategischen Gründen, um durch ein Aktiensplitting den Preis pro Aktie zu senken und somit die Anleger zu einem Kauf der Aktien zu animieren. Hinweis: Am Börsenwert des

Unternehmens ändert sich nichts, weil durch das Splitting die Anteile jeder Aktie geringer werden. Beim Dow Jones fließt das Aktiensplitting mit negativenAuswirkungen für die Unternehmen in die Gesamtwertung ein, was für Kritik sorgt.[28]

Der Nasdaq und S&P500 wiederum werden, ebenso wie der DAX, auf Basis der Marktkapitalisierung von Unternehmen gebildet. Im Nasdaq sind die Aktien der 100 wertvollsten Unternehmen außerhalb der Finanzbranche enthalten, im S&P500 die insgesamt 500 wertvollsten Unternehmen der US-amerikanischen Wirtschaft.

Ein Blick auf die Renditen der vergangenen Jahre bei den drei Indizes:

Dow Jones

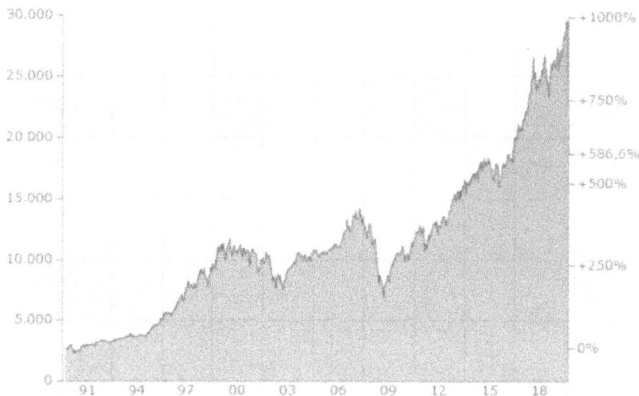

Quelle: finanzen.net[29]

---

[28] http://www.wirtschaftslexikon.co/d/aktiensplitting/aktiensplitting.htm

[29] https://www.finanzen.net/index/dow_jones

Nasdaq

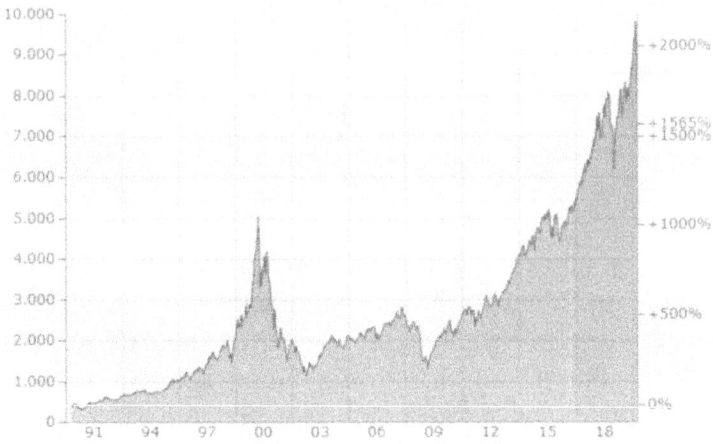

Quelle: finanzen.net[30]

S&P500

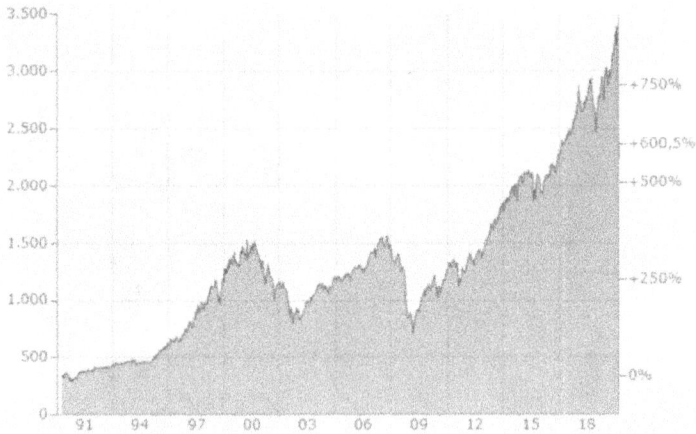

Quelle: finanzen.net[31]

---

[30] https://www.finanzen.net/index/nasdaq_composite
[31] https://www.finanzen.net/index/s&p_500

Quintessenz

Allem voran die drei wichtigsten Indizes der US-Börsen haben über die Jahrzehnte hinweg beachtliche Renditen eingefahren. Wo beim DAX seit den 90er Jahren bis heute eine Rendite in Höhe von über 300 % stand, überschreiten die US-Indizes Dow Jones und S&P500 die Hürde von 500 % Rendite. Beim Nasdaq steht seit 1990 bis heute sogar eine Rendite von 1.565 % zu Buche! Der Nasdaq fuhr deswegen solch eine hohe Rendite ein, weil er angesichts des Ausschlusses der Unternehmensaktien aus der Finanzbranche hauptsächlich Unternehmensaktien aus der Technologiebranche enthält, die sich in den letzten Jahrzehnten massiv weiterentwickelt hat. Schlussendlich sind ETFs auf die US-amerikanischen Standardindizes eine ebenso lukrative Anlageoption wie die Standardindizes der deutschen Wirtschaft.

Hang Seng

Der Hang Seng-Index ist nach dem japanischen Index Nikkei der zweitwichtigste Index ganz Asiens. Er wird an der Hongkonger Börse gebildet. Die Gewichtung und Auswahl der Titel für den Index richten sich nach der Marktkapitalisierung der Unternehmen. Die Aktien der 50 größten und meistgehandelten Unternehmen der Hongkonger Börse sind im Hang Seng Index enthalten. Da die Unternehmen auf dem chinesischen Festland ansässig sind, ist der Hang Seng Index direkt in Verbindung mit der chinesischen Wirtschaft zu setzen.

China als aufstrebendes Schwellenland hat in den vergangenen Jahrzehnten ein Wirtschaftswachstum hingelegt, wie es keiner anderen Nation der Welt seit Beginn der Auswertung je gelungen ist. Aus diesem Grund wird anstelle des wichtigsten Indizes in Asien, dem Nikkei, in diesem Abschnitt kurz auf China eingegangen. Die Rendite des Hang Seng Index auf einen Blick:

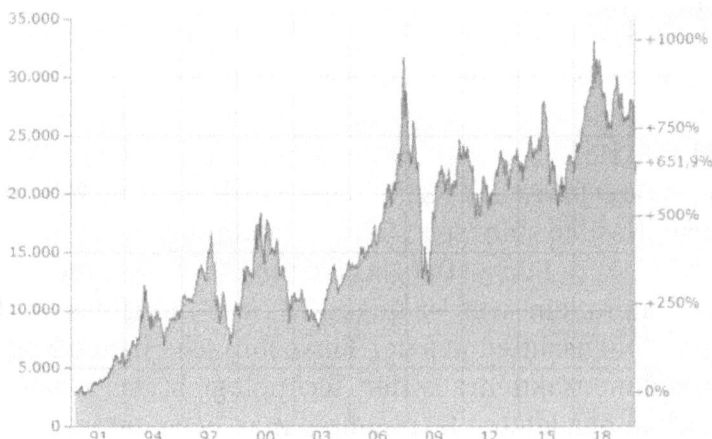

Quelle: finanzen.net[32]

Seit 1990 spiegelt der Kursverlauf ein konstantes Wachstum wider. Nach einem Allzeithoch des Indizes im Jahre 2007 kam es durch die Weltwirtschaftskrise 2008 zu einem Einbruch der Kurse. Nach einer Erholung folgte ein neues Allzeithoch im Jahre 2018, woraufhin im Zuge u. a. des Handelskrieges mit den USA und der Corona-Krise negative Kursverläufe eintraten. Über mehrere Jahre und im Idealfall Jahrzehnte hinweg in den Hang Seng aus Hongkong zu investieren, hätte in nahezu allen Fällen eine zumindest zweistellige Rendite eingebracht. Gleiches trifft auf die ETFs zu, die den Hang Seng Index nachbilden. Auch bei einer Betrachtung der weiteren Indizes aus China, wie z. B. des Shanghai Composite, bestätigt sich dieses Bild.

EURO STOXX 50

Der Index EURO STOXX 50 umfasst die 50 nach Marktkapitalisierung größten und wertvollsten Unternehmen der

---

[32] https://www.finanzen.net/index/hang_seng

Euro-Zone. Er gilt als maßgebliches Barometer, um den gesamten Aktienmarkt Europas hinsichtlich seiner wirtschaftlichen Entwicklung zu bewerten. Die Rendite der letzten Jahrzehnte auf einen Blick:

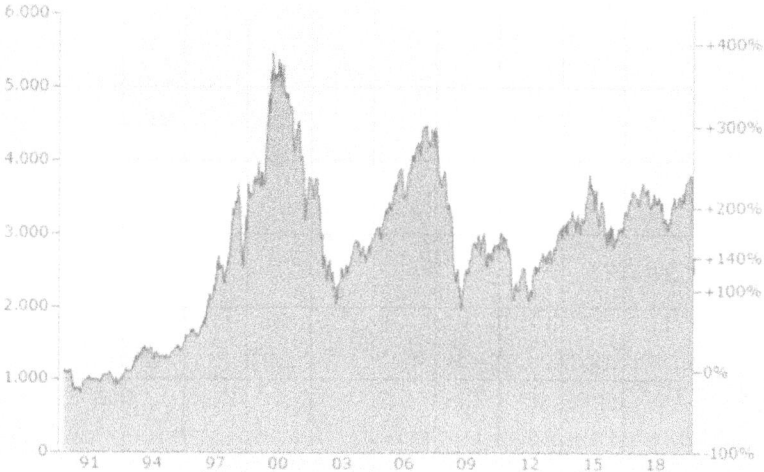

Quelle: finanzen.net[33]

Obwohl es Anfang der 90er keine Euro-Zone gab, wurde rückwirkend im Chart gerechnet. Dies ermöglicht eine Einschätzung über einen längeren Zeitraum. Erneut zeigt sich eine Erholung nach Krisenphasen, wenngleich die Allzeithochs nach den großen Krisen um die Jahrtausendwende und die Weltwirtschaftskrise 2008 nicht mehr erreicht werden konnten. Eine mutmaßliche Begründung dafür, dass sich der EURO STOXX 50 nach den Krisen nicht zu seinen vorigen Hochs aufschwingen konnte ist, dass eine unzureichende Streuung stattfindet. Führen wir uns die Anzahl der Aktien vor Augen und setzen diese in Bezug zur Größe der Wirtschaftszone, die der Index abbildet: 50 Aktien auf ganz Europa sind keine adäquate Streuung. Dementsprechend wenig krisensicher präsentiert sich der

---

[33] https://www.finanzen.net/index/euro_stoxx_50

EURO STOXX 50. Von ETFs auf den EURO STOXX 50 ist zumindest dann abzuraten, wenn sich Krisenzeiten andeuten. Sollte bereits in einen ETF investiert worden sein und eine Krise kurz vor Beginn stehen, ist schleunigst angeraten, die Anteile des ETF zu verkaufen, solange noch kein Verlust eingetreten ist. **Anmerkung:** ETFs auf Indizes, die in Relation zur Größe der Wirtschaftszone keine ausreichende Streuung aufweisen, sind die einzigen ETFs, bei denen in Krisenzeiten zu einem Verkauf geraten wird. Bei einer ausreichenden Streuung im jeweiligen Raum sind ETFs krisensicher.

MSCI-Indizes

Der bereits erwähnte und angesehene Finanzdienstleister MSCI bildet Indizes, die weltweit für Anleger, Vermögensverwalter, Fondsgesellschaften und weitere Akteure des Finanzmarktes wichtig sind. Die größte Bekanntheit hat der Index MSCI World. Er spiegelt die Entwicklung von Aktien der 23 Industrieländer wider.[34] Dabei kommt er auf eine Gesamtzahl von über 1.600 Titeln. Angesichts dieser Anzahl sind die ETFs von Anbietern auf den MSCI World stets nach der Sampling-Methode nachgebildet. Zu den 23 Industrieländern, aus denen Aktien im MSCI World enthalten sind, gehören u. a.:

- USA
- Kanada
- Australien
- Hong Kong
- Japan
- Deutschland
- Italien
- Frankreich

---

[34] https://www.boersennews.de/lexikon/begriff/msci-world/1854/

• Großbritannien

Weil der MSCI World keine Aktien aus Schwellenländern
enthält, kommt häufig Kritik auf. Insbesondere Wertpapiere
aus China, Südkorea und Russland hätten das Potenzial, die
Rendite aufzuwerten. Tatsache ist jedoch, dass die Rendite
der Zusammenstellung des MSCI World Recht gibt:

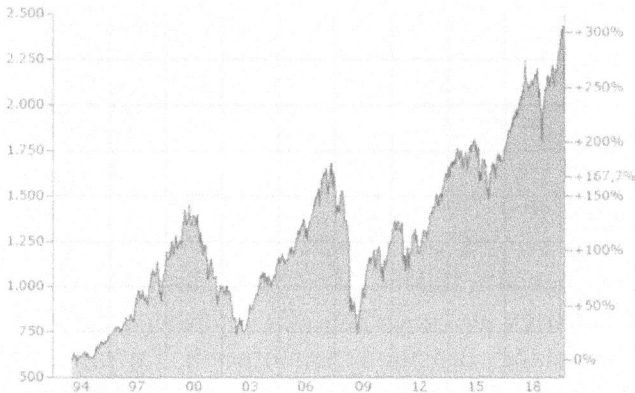

Quelle: finanzen.net[35]

Den Crashs an der Börse zum Trotz, wurden immer wieder neue Allzeithochs erreicht, sodass eine Rendite im dreistelligen prozentualen Bereich in einem Zeitraum von fast
30 Jahren die Folge ist. Blicken wir zum Vergleich auf den
MSCI-Index, der sich aus den Aktien von Schwellenländern
zusammensetzt:

---

[35] https://www.finanzen.net/index/msci-world

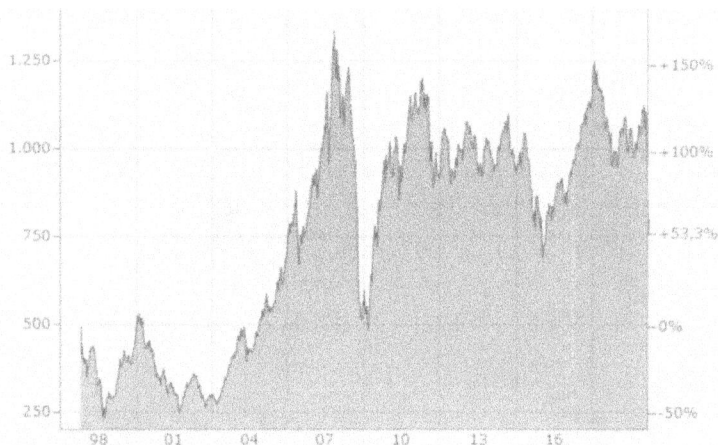

Quelle: finanzen.net[36]

Dieser sogenannte MSCI Emerging Markets Index enthält ca. 1.400 Aktien aus insgesamt 27 Staaten, unter die China, Indien, Russland, Brasilien, Argentinien, Taiwan, Südkorea, Saudi-Arabien und weitere fallen. Auch hier ist eine attraktive Rendite das Ergebnis einer langfristigen und auf mehrere Jahre oder Jahrzehnte ausgelegten Strategie bei der Geldanlage. Allerdings zeigt sich in diesem Index eine höhere Volatilität, weswegen er nichts für schwache Nerven ist. Wer bei zwischenzeitlich hohen Verlusten im Abstand weniger Monate das Muffensausen bekommt, sollte von ETFs auf den MSCI Emerging Markets Abstand nehmen. Vielversprechend ist ein Investment in den MSCI Emerging Markets allem voran dann, wenn die Krise ihren Hochpunkt erreicht hat und langsam vorübergeht. Denn so tief der MSCI Emerging Markets in Krisenzeiten in kurzer Zeit fällt, ähnlich stark und schnell steigt er voraussichtlich nach der Krise wieder an.

Für Personen, die an einer Kombination aus MSCI World und MSCI Emerging Markets zwecks einer adäquaten

---

[36] https://www.finanzen.net/index/msci-emerging-markets

Abbildung des Weltaktienmarktes interessiert sind, hat MSCI mit dem ACWI (All Countries World Index) einen entsprechenden Index mit Titeln aus 76 Ländern geschaffen. Auch einen eigenen Index für Europa, den MSCI Europe, hat der Finanzdienstleister zusammengestellt. Der MSCI Europe weist eine größere Anzahl an Titeln und somit eine breitere Streuung des Risikos auf als der EURO STOXX 50 und ist somit für Anleger, die in den europäischen Aktienmarkt investieren möchten, dem EURO STOXX 50 vorzuziehen. Grundsätzlich sind die MSCI-Indizes eine ausgezeichnete Vorlage für ETFs nach der Sampling-Methode, um die Entwicklung großer Märkte weltweit oder interkontinental widerzuspiegeln.

Klassifizierung nach Anbietern

Wenn Sie auf dem Fachgebiet der ETFs mit Personen Unterhaltungen führen werden, dann werden Ihnen ein ums andere Mal folgende Formulierungen begegnen können:

- „Ich bevorzuge die UBS-ETFs, weil ich hier als institutioneller Anleger günstiger investieren kann."
- „Wie stehen Sie den marktführenden iShares-ETFs gegenüber?"
- „Was halten Sie von den exotischen ETFs von DB X-Trackers?"

Sätze wie diese fallen unter Personen, die sich auskennen. Diese Personen vermögen es, ETFs nach allen möglichen Kriterien zu klassifizieren, wie hier beispielsweise nach den Anbietern. Wenn Sie mit der Zeit lernen, die Charakteristika der verschiedenen Anbieter für ETFs herauszufiltern und sich eine Auswahl bevorzugter ETF-Anbieter zusammenstellen, so wird es Ihnen einfacher fallen, Investitionsentscheidungen zu treffen. Professionelle Anleger gehen für gewöhnlich nicht zuerst der Frage nach, welche Investmentstrategie der ETF verfolgen sollte, sondern sehen sich im Angebot des bzw. der bevorzugten Anbieter um. Wir nehmen in den folgenden Abschnitten drei Anbieter unter die Lupe und beginnen mit dem Marktführer. Möchten Sie sich über andere Anbieter informieren, dann steht Ihnen die Suchmaschine Google hierfür zur Verfügung. Eine durchdachte Auswahl an ETFs und verschiedenen Anbietern führt zudem die Website justetf[37] auf.

iShares

Die iShares-ETFs sind eine Eigenmarke des amerikanischen Finanzunternehmens Blackrock. Blackrock ist auch in Deutschland bekannt und wird mit stark performenden Aktienfonds in Verbindung gebracht. Nicht selten bringen die aktiv gemanagten Aktienfonds von Blackrock Anlegern jährliche Renditen ein, die die 20-%-Marke übertreffen. Auch im Bereich der ETFs hat sich Blackrock mit seiner Qualität einen Namen gemacht. Die Produktübersicht auf der Website zeigt, dass hier Anleger ETFs jedweder Klassifizierung vorfinden:

Quelle: ishares.com[38]

---

[37] https://www.justetf.com/de/
[38] https://www.ishares.com/de

Die Produktauswahl umfasst also einerseits ETFs, die nach sämtlichen vorgestellten Anlageklassen klassifiziert sind: Aktien, Anleihen, Immobilien, Rohstoffe und Multi-Anlageklassen-ETFs. Zudem gibt es unter den Produktreihen ETFs, die die Standardindizes abbilden ebenso wie faktor- und branchenbezogene ETFs.

Auf seiner Website für iShares bietet Blackrock Aufklärung für Anfänger im Bereich der Geldanlage und auch reichlich Material für professionelle Anleger. Interessant ist das Angebot aus dem Bereich „Trends & Ideen", bei dem Anleger Einschätzungen zum Markt aus verschiedenen Blickwinkeln lesen können. Im Zuge der Recherchen sollten Anleger in einigen der Einschätzungen Ihre persönlichen Meinungen wiedererkennen und sich angemessene Ideen zur eigenen Geldanlage abholen können.

Amundi

Nach eigenen Angaben ist Amundi seit 2001 auf dem ETF-Markt aktiv, so die Verbraucherzentrale.[39] Dies würde bedeuten, dass das Unternehmen fast seitdem die ersten ETFs auf den Finanzmarkt kamen, entsprechende Produkte führt. Was ist von dem etablierten alten Hasen zu erwarten? Die Unterseiten der Website für Privatkunden zeigen folgendes Angebot:

[39] https://www.verbraucherzentrale.de/wissen/geld-versicherungen/sparen-und-anlegen/welche-anbieter-von-etfs-gibt-es-in-deutschland-16607

Quelle: amundietf.de[40]

Durch die Navigation zur Produktliste öffnet sich eine neue Unterseite, auf der die einzelnen Produkte genauestens aufgeführt werden. Dort lassen sich Fact-Sheets zur Zusammensetzung und andere wichtige Informationen zu jedem ETF einholen. Durch Filterfunktionen lässt sich sowohl regional als auch nach Investmentstrategie des ETFs unterteilen. Das Angebot ist weniger übersichtlich als bei iShares gestrickt und hinsichtlich der Anlagestrategien nicht so vielfältig. Dennoch: Für Anfänger unter den Anlegern ist es absolut angemessen, da Schwellenländer-Aktien, europäischen Aktien, alle gängigen Indizes sowie die MSCI-Indizes im Angebot enthalten sind.

3.3.3 UBS

Die UBS-ETFs gehören der Schweizer Großbank UBS an, die ihren Sitz in Luxemburg hat. Hauptzielgruppe der Bank scheinen professionelle Anleger zu sein. Für institutionelle Anleger gibt es sogar ein vergünstigtes Angebot. Die professionelle Ausrichtung der Bank äußert sich nicht nur an der

---

[40] https://www.amundietf.de/privatkunden/

Wortwahl und Erklärung der Sachverhalte, sondern ebenso am Renommee der ETFs und der Bank an sich. Sie werden sich nach dem Lesen dieses Ratgebers ausgezeichnet auf der Website von UBS zurechtfinden können, die nicht nur über eine gute Navigation, sondern über zahlreiche Erklärungen zu den ETFs und einzelnen Produktreihen, verfügt.

Ein Ausschnitt der Website:

Quelle: ubs.com[41]

Die Produktpaletten reichen den Erklärungen oder Übersichten auf den Unterseiten zufolge von physischen Replikationen bis hin zu den äußerst speziellen synthetischen Nachbildungen. Aufgrund der Währungssicherung der ETFs sind die synthetischen ETFs von UBS weniger risikobehaftet. Dennoch ist es ratsam, dass Sie sich bei Interesse zunächst an die physisch replizierten ETFs halten, die u. a. Indizes auf Aktien und Unternehmensanleihen nachbilden. Zudem ist es möglich, über „Alternative Beta" eine faktorbezogene Investmentstrategie bei den ETFs zu fahren.

---

[41] https://www.ubs.com/de/de/asset-management/etf-institutional.html

Zusammenfassung

Die einzig korrekte und fachgerechte Klassifizierung der ETFs erfolgt nach deren Eigenschaften, wozu die Anlageklasse, Investmentstrategie und Art der Nachbildung gehören. Es sind ETFs auf einzelne Anlageklassen, wie beispielsweise Aktien und Rohstoffe, ebenso wie mehrere Anlageklassen (Multi Asset) möglich. Vor der Wahl eines ETFs fällt die Entscheidung über die gewünschte Anlageklasse. Dann kann nach Investmentstrategie und Art der Nachbildung entschieden werden. Für Anfänger üblich ist die physische Replikation, zumal sie weniger kostenintensiv ist.

Neben dieser Klassifizierung nach Eigenschaften sind mögliche Klassifizierungen nach dem Index, den die ETFs nachbilden, und Anbietern, von denen das jeweilige ETF-Produkt stammt, denkbar. Beide Arten der Klassifizierung finden Anwendung. In jedem Fall sind sie in Ihren Überlegungen mit zu berücksichtigen. Populäre Anbieter mit geringen Gebühren für die ETFs sind kleineren Anbietern vorzuziehen.

Das müssen Anfänger wissen!

Die Ratschläge in diesem Kapitel beziehen sich hauptsächlich auf Anfänger und die Geldanlage in ETFs. Allerdings treten an der ein oder anderen Stelle Aspekte auf, die ebenso für fortgeschrittene Anleger wichtig sein könnten. Insofern profitieren Sie langfristig und auf jedem Niveau von der Beachtung der im Folgenden geschilderten Ratschläge. Falls Sie mit den Begriffen „Währungsrisiko", „Abgeltungssteuer" oder „Realrendite" nichts anfangen können, haben Sie selbst als Fortgeschrittener wichtige Grundlagen vergessen und werden womöglich zu ärgerlichen und vermeidbaren Fehlern neigen. Also: Lassen Sie uns die letzten paar verbliebenen Ungewissheiten beseitigen.

Häufigste Anfängerfehler

Anfängerfehler bei der Geldanlage an der Börse resultieren nicht zwingend aus Unwissenheit. Häufig informieren sich Anfänger zu sehr oder an falscher Stelle. So rücken plötzlich zu spezifische oder komplett falsche Stichworte in den Fokus. In einer Quelle heißt es beispielsweise: „Währungsrisiko." Schon läuten beim Anleger die Alarmglocken, was aber gar nicht sein muss. Wir blicken deswegen auf fünf häufige Anfängerfehler, die vor allem im Zusammenhang mit ETFs vorkommen können.

ETF-Hopping

Beim ETF-Hopping werden die ETFs regelmäßig gewechselt bzw. das investierte Geld wird zwischen verschiedenen ETFs hin und her geschoben. Da die Geldanlage in ETFs über einen längeren Zeitraum erfolgen sollte, ohne die Produkte ständig zu wechseln, ist das ETF-Hopping negativ. Es kann verschiedene Gründe geben, die einen Wechsel des ETFs zunächst sinnvoll erscheinen lassen:

- Günstigerer Anbieter
- Wechsel aus strategischen Gründen
- Änderungen in der steuerlichen Gesetzgebung

Keiner dieser Gründe rechtfertigt jedoch einen regelmäßigen Wechsel des ETFs, bei dem einmal jährlich oder sogar häufiger gewechselt wird. Allem voran der Preisvergleich der Anbieter macht – wenn überhaupt – nur zu Beginn Sinn. Denn in der Folgezeit, nachdem ein bestimmtes Produkt ausgesucht wurde, wird es im Rahmen von Marketing-Aktionen immer wieder einen günstigeren Anbieter zu finden geben. Dies sind allerdings nur befristete Angebote, die im Laufe der Zeit wieder teurer werden.

Ein Wechsel aus strategischen Gründen ist schon eher eine denkbare Option. Dieser Wechsel kann einerseits dann erfolgen, wenn ein anderer ETF die eigene Investmentstrategie besser widerspiegelt als der bisherige. Andererseits kann ein Strategie-Wechsel auch dann erfolgen, wenn der neue ETF besser performt als der ETF, in den bisher Geld angelegt wurde. Ein Strategiewechsel ist bei einer wohl überlegten Wahl eines ETFs im Nachhinein meistens nicht lohnend oder notwendig. Sollte aus strategischen Gründen ein neuer ETF gewählt werden, dann muss der neue ETF deutlich besser performen oder zu den eigenen Erwartungen passen, um diesen Wechsel zu rechtfertigen. Und auch dann ist ein solcher Wechsel nur einmal alle fünf oder zehn Jahre durchzuführen.

Steuerliche Gesetzgebungen in Deutschland oder im Land des ETF-Anbieters können die Höhe der laufenden Kosten so beeinflussen, dass Anleger mehr bezahlen müssen. Dann muss schlicht und einfach vergleichsweise durchgerechnet werden, ob es einen anderen ETF gibt, der im Vergleich zum bisherigen ETF genauso gut performt, aber der geringere steuerliche Einflüsse verzeichnet.

Hintergrundwissen

Auch beim Wechsel des ETFs treten steuerliche Fallstricke auf. Werden die bisherigen ETF-Anteile verkauft, müssen auf die Gewinne aus der Investition Abgeltungssteuern gezahlt werden. Erst dann kann der neue ETF gekauft werden.

Fazit: Ein ETF-Wechsel kann in großen Zeitabständen Sinn machen, wobei die genannten triftigen Gründe vorliegen müssen. Regelmäßige Wechsel, womit wir beim ETF-Hopping wären, sind strikt abzulehnen und Anfängerfehler in Reaktion auf Rabattwerbungen, Lockangebote oder ein Zeichen von Unsicherheit und Ungeduld bei der Geldanlage.

Keine Kenntnisse über das Produkt

Ein schwerwiegender Fehler, der nur Anfängern unterläuft, ist das Investment in Produkte, die man nicht versteht und über die man keine Kenntnisse hat. Bei „wahren" Profis – damit sind die Profis gemeint, die jahre- und jahrzehntelang mit Erfolg an der Börse Geld anlegen – passiert dies nicht, da die Kenntnis über das Produkt maßgebend für Investitionen ist. Wieso ist die Kenntnis über das Produkt notwendig?

- **Geld anlegen aus Überzeugung**

  Eine Geldanlage sollte der eigenen Überzeugung entsprechen. Sind Sie als Anleger davon überzeugt, dass sich die deutsche Wirtschaft weiterentwickelt, dann fällt es Ihnen einfacher, auch Durststrecken Ihres

DAX-ETFs ohne Panik und Aktionismus zu überstehen. Bei mangelnder Überzeugung kommt es tendenziell eher zu voreiligen Verkäufen, was einer langfristigen Anlagestrategie widerspricht.

- **Schutz vor Billig-Produkten**

Wenn demnächst einmal ein ETF groß beworben wird und mit den Performance-Zahlen der vergangenen Jahre argumentiert wird, wieso es „DER ETF des Jahrzehnts" ist, dann kann dahinter eine Lüge mit einem Billig-ETF, der schlecht performt, stecken. Aber diese Lüge erkennen Sie nur, wenn Sie das Produkt verstehen.

- **Ergreifen der richtigen Maßnahmen**

Nur, wer sich mit seinem ETF auskennt, kann die richtigen Maßnahmen ergreifen und über einen eventuellen Verkaufszeitpunkt bei einer schlechten Performance entscheiden. Grundsätzlich ist es so, dass in ETFs langfristig angelegt wird und alles gut läuft. Denn Wirtschaften wachsen nun einmal... Aber: Abgesehen davon, dass diese Annahme in langen Krisenzeiten nur bedingt greift, kann es beim branchenbezogenen Investieren durchaus sein, dass für eine Branche mehrere schwarze Jahre anstehen. Nur, wenn Sie sich über die Branche, in die Sie passiv investieren, informieren und diese Branche verstehen, können Sie darüber entscheiden, ob es sinnvoll ist, den ETF zu verkaufen und zwischenzeitlich in einen anderen ETF zu investieren, um in mehreren Jahren nochmals auf den Branchen-ETF zurückzukommen. Mehr zu diesen strategischen Zügen erfahren Sie im sechsten Kapitel.

Fazit: Sie müssen den ETF, in den Sie investieren, selbst einschätzen und bewerten können. Je spezifischer er ist – dies ist insbesondere bei Branchen-ETFs und faktorbezogenen ETFs der Fall –, desto mehr müssen Sie sich zudem permanent auf dem Laufenden halten und die Nachrichten studieren. Man sieht: Wer nicht breit streut und nicht in Wirtschaften (z. B. DAX-ETFs, MSCI-World-ETFs) investiert, der muss mehr Eigenbeitrag leisten, um das Produkt zu verstehen und dessen Wertentwicklung regelmäßig zu überprüfen.

Aktiv in ETFs Geld anlegen

Es heißt, ETFs seien ein passives Investment. Das stimmt auch. Allerdings sind die faktorbezogenen ETFs bereits in höherem Maße aktiv gemanagt und zudem riskanter. Dies verlangt Ihnen nicht nur, wie soeben in 4.1.2 festgestellt, eine gewisse Mühe bei der Informationsgewinnung ab, sondern zugleich dem Anbieter des ETFs eine hohe Qualität. Suchen Sie sich einen Anbieter für faktorbezogene ETFs aus, der schwach performende Produkte auf den Markt bringt, so haben Sie das Problem, dass das Factor-Investing – aller Voraussicht nach – nicht die Rendite abwirft, die es abwerfen soll. Die wahrscheinliche Folge: Geringe Rendite bis Verlust.

Fazit: Als Anfänger sind Anleger am besten damit beraten, komplett passiv zu investieren. Dies ist am ehesten bei physisch replizierten ETFs der Fall. Sie werden im Rahmen des sechsten Kapitels merken, dass auch bei der Geldanlage in physisch replizierte ETFs reichlich eigene Akzente gesetzt werden können und es zum Teil aktives Investieren ist. Somit ist es nicht notwendig, sich durch „exotische ETFs" – beispielsweise die faktorbezogenen – anfangs zu überfordern. Eine Ausnahme bilden Value-, Growth- und Dividenden-ETFs, die mit renommierten Kennzahlen als Faktoren arbeiten.

Renditen ohne den Zusammenhang mit der Inflation betrachten

In seinem Buch *Souverän investieren mit Indexfonds und ETFs* (2011) bringt es Gerd Kommer ausgezeichnet auf den Punkt: Es gibt eine reale Rendite und eine nominale Rendite. Die nominale Rendite ist die ohne den Zusammenhang der Inflation, während bei der realen Rendite die Inflation mit einberechnet ist. Kommer nennt dabei mehrere Beispiele, von dem hier eines vorgestellt wird: Der MSCI USA bildet den US-amerikanischen Aktienmarkt nach und verzeichnete 1979 eine Rendite in Höhe von 14,4 %. Das klingt zunächst äußerst überzeugend. Aber das ist nur die nominale Rendite, die zu täuschen vermag. Die reale Rendite sieht bereits ganz anders aus: Unter Berücksichtigung der Inflation, die 1979 bei heute kaum vorstellbaren 13,3 % in den USA lag, ergibt sich eine reale Rendite in Höhe von nur 1,1 %. Zweifellos immer noch besser als das Sparbuch, aber für eine ETF-Geldanlage eine schwache Performance.[42] Nun darf das Jahr nicht zu stark gewichtet werden, denn wenn die zurückliegenden Jahre eine bessere reale Rendite abwarfen, wird es sich dennoch um eine potenziell gute Geldanlage handeln. Das Beispiel sollte nur veranschaulichen, dass die nominale Rendite wenig aussagekräftig ist. Bei ihr werden, wie beim Sparbuch, die Zinsen ohne den Einbezug der Inflation betrachtet. Dennoch passiert es auffällig häufig, dass bei Wertpapieren die Anleger der Höhe der Inflation keine Beachtung schenken und sich nur nach der nominalen Rendite richten. Weil nur die nominale Rendite bei den Kursverläufen angegeben wird, wird dieser Anfängerfehler sogar gefördert. Dementsprechend ist es wichtig, die reale Rendite selbst zu errechnen, was auf folgendem Wege geschieht: Nominale jährliche Rendite in % - jährliche Inflation in % = Reale Jahresrendite in %. Es wird immer

---

42 Kommer, G.: Souverän investieren in Indexfonds und ETFs, S. 149.

mit der Inflation des Staates gerechnet, in dem man lebt und investiert.

Fazit: Nominale Renditen sind trügerisch. Es gilt, zu beachten, dass die Inflation auch bei der Geldanlage in Wertpapiere ein präsenter Einfluss ist. Dementsprechend ist bei der Bewertung eines jeden Produkts die nominale prozentuale Jahresrendite abzüglich der jährlichen Inflation in Prozent zu der realen Jahresrendite in Prozent umzurechnen. Nur so kann die Lukrativität einer Geldanlage komplett zuverlässig bewertet werden.

Fondswährung beachten

ETFs werden in verschiedenen Währungen aufgesetzt. Je nach Anbieter und Produkt unterscheiden sich die verfügbaren Währungen. Manche ETFs werden nur in einer Währung auf den Markt gebracht. Da stellt sich den Anlegern direkt die Frage, wie es sich mit dem Währungsrisiko verhält: „Was ist, wenn ich in einen ETF mit der Währung US-Dollar investiere und in der Zwischenzeit der US-Dollar gegenüber dem Euro an Wert verliert? Verlieren dann meine ETF-Anteile in US-Dollar nicht in derselben Höhe an Wert?"

Ein gutes Video hierzu ist auf YouTube abrufbar und auf dem Kanal von *Finanzfluss* zu finden. Im entsprechenden Video[43] erklärt der Vortragende, dass Währungsrisiken durch die Fondswährung nicht gegeben sind. Denn je nachdem, in welchem Land und somit in welcher Währung das eigene Depot ist, wird vom Broker oder von der Depot-Bank in exakt diese Währung umgerechnet. Dies bedeutet, dass wenn Sie einen MSCI-World-ETF in US-Dollar kaufen, Sie denselben Effekt haben wie beim Kauf eines MSCI-World-ETFs in Euro.[44]

---

[43] https://www.youtube.com/watch?v=xU6YEIaO_74
[44] https://www.youtube.com/watch?v=xU6YEIaO_74

Ein Währungsrisiko ist hingegen in anderer Hinsicht gegeben. Nämlich operieren in einem internationalen Index, der Unternehmen aus Staaten mit verschiedenen Währungen umfasst, die einzelnen Unternehmen mit verschiedenen Währungen. *Apple* beispielsweise ist als Unternehmen in den USA ansässig und operiert hauptsächlich mit dem US-Dollar – hauptsächlich deshalb, weil es eben auch ein Global Player ist und als solcher in zum Beispiel China und den anderen Staaten Zuflüsse aus deren Währungen verzeichnet. Somit wird das Währungsrisiko in einem ETF gestreut: Zum einen durch die globale Aktivität der einzelnen Unternehmen, zum anderen dadurch, dass die Unternehmen in einem internationalen ETF Staaten mit verschiedenen Währungen angehören.[45]

Hintergrundwissen

Es gibt spezielle „gehedgte" ETFs, die zum Ziel haben, das Währungsrisiko eines ETFs auszugleichen. Sie werden in Anlehnung an die hochspekulativen Hedgefonds so genannt. Ein Nutzen der gehedten ETFs lässt sich nicht absehen, vielmehr sind diese ETFs durch das Hedging teuer. Zudem ist in jedem ETF bereits durch dessen Zusammensetzung das Währungsrisiko gestreut.

Fazit: Durch die Fondswährung ist kein Währungsrisiko beim ETF gegeben, da die Depot-Bank oder der Broker stets in die nationale Währung des Anlegers umrechnen. Ein Währungsrisiko ist innerhalb eines internationalen ETFs automatisch gegeben, weil die Unternehmen aus verschiedenen Staaten kommen und global aktiv sind. Gleiches trifft aber ebenso auf einen nationalen ETF zu, wenn die darin enthaltenen Titel global aktiven Unternehmen

---

[45] wie vorherige

zugehören. Gleichzeitig wird das Währungsrisiko in ETFs jedoch gestreut, sodass diesem Aspekt keinerlei Beachtung zu schenken ist.

Nützliche Tipps

Der Großteil der folgenden Tipps lässt sich auch auf andere Strategien als auf die Geldanlage in ETFs anwenden. Die Tipps steigern Ihre Zuversicht, Ihre Entschlossenheit und Ihr Durchhaltevermögen. Zudem wirkt sich das Befolgen der Ratschläge bei konsequenter Umsetzung positiv auf die zu erwartenden Renditen aus und senkt die voraussichtlichen Kosten bei Investments.

Mut zur Diversifikation

Diversifikation ist ein Fachbegriff für „Vielfalt". Im Zusammenhang mit der Börse und Geldanlage in Wertpapiere steht dieser Begriff für die Vielfalt im eigenen Wertpapierportfolio. Damit ist gemeint, dass in ein breit gestreutes Portfolio investiert wird. Möglicherweise werden Sie sich als Anleger nun denken: „Aber Moment: Eine Investition in einen ETF ist doch automatisch mit einer Streuung des angelegten Geldes auf mehrere Wertpapiere verbunden!" Das stimmt. Aber das bedeutet nicht, dass es das Ende der Möglichkeiten zur Diversifikation ist. **Ein einziger** ETF ist die Strategie für besonders unsichere Anfänger. Dieses Ziel verfolgen wir nicht. Wir möchten die Anlagestrategie eines fortgeschrittenen Anfängers mit dem Übergang zum Profi-Status fahren. Diese Anlagestrategie sieht vor, dass am besten in mehrere ETFs investiert wird. Im sechsten Kapitel werden die Vorteile des Investments in mehrere ETFs genauer thematisiert, aber schon jetzt sollte klar sein, dass durch einen Wertpapierbestand mit mehreren ETFs in verschiedene Anlageklassen investiert werden kann. Darüber hinaus kann die Gewichtung der Unternehmen in einzelnen ETFs durch zusätzliche ETFs entschärft werden. Wem beispielsweise die US-Unternehmen im MSCI-World-ETF zu dominant sind, der kann zusätzlich auf den MSCI Europe oder den DAX in Form von ETFs setzen.

Fazit: Nur, weil ein einzelner ETF das Risiko streut, muss nicht auf weitere Investitionen verzichtet werden. Ein kluger Plan, der mehrere ETFs enthält, kann Sicherheiten vergrößern oder Renditeaussichten erhöhen. Zudem lassen sich Gewichtungen einzelner Aktien-Titel durch mehrere ETFs verändern.

Zielsetzungen vornehmen

Geldanlagen in ETFs werden mit langfristigem Anlagehorizont durchgeführt, der im absoluten Minimum drei Jahre, idealerweise mindestens fünf Jahre beträgt. Alle Spar- oder Vermögensaufbauziele, die unterhalb der Marke von drei bis fünf Jahren liegen, sollten nicht über die Börse oder ETFs zu erreichen versucht werden. Hier ist das Risiko eines Crashs und dessen Auswirkungen zu präsent. Während ein plötzlicher Crash über mehrere Jahrzehnte ausgeglichen werden kann, ist dies bei einem kurzen Zeitraum nicht der Fall.

Nun muss bei langfristiger Geldanlage ebenfalls differenziert werden. Eine klare Definition, wie lange und wofür gespart werden soll, ist erforderlich. Wieso eine solche Definition notwendig ist? Sie führt dem Anleger immer wieder vor Augen, wofür gespart wird und steigert auf diesem Wege das Durchhaltevermögen. Empfehlenswert ist es, sich in Kombination mit dem einen übergeordneten Ziel (z. B. Geld anlegen zum Vermögensaufbau für eine Immobilie, Geld anlegen zur Altersvorsorge) mehrere Etappenziele aufzubauen. Demnach können Sie bei einer Altersvorsorge selbst definieren, auf welchem Stand Sie Ihr Vermögen gern hätten, sobald Sie beispielsweise 50 Jahre alt sind. Wenn der Zeitpunkt gekommen ist, ist es Ihnen durch die präzise Definition Ihrer Ziele möglich, zu prüfen, ob Sie sich auf einem guten Kurs zur Altersvorsorge befinden und das Ziel erreicht wird. Zeichnet sich beim 50. Lebensjahr ab, dass das Etappenziel nicht erreicht wurde, muss dies analysiert werden, damit gegebenenfalls Optimierungen vorgenommen werden können.

Fazit: Bei einem langfristigen Anlagehorizont, der in Zusammenhang mit einer Geldanlage in ETFs zu erwarten ist, sind Zielsetzungen mit Etappenzielen nahezu unumgänglich. Sie stärken das Durchhaltevermögen und erhöhen die Wahrscheinlichkeit, das selbst gesteckte Ziel zu erreichen.

Kosten gering halten

Drei Faktoren sind bei den Kosten einer Geldanlage in ETFs zu berücksichtigen:

- Transaktionskosten
- Steuern
- Inflation

Die Transaktionskosten werden dadurch gering gehalten, dass ein Online-Broker für die Beauftragung mit Orders ausgesucht wird. Bei jedem Online-Broker lassen sich die Konditionen vor einer Eröffnung des Depots einsehen, sodass eine kostengünstige Option gewählt werden kann. Als Alternative zum Online-Broker ist ein Depot bei einer Online-Bank eine relativ kostenarme Variante. Es werden in der Regel keine Depots bei Filialbanken eröffnet, denn die Kosten sind in Relation zu dem entstehenden Nutzen zu hoch. Wenn Sie sich vor Augen führen, dass Sie bei Filialbanken auf die Ausführung von Orders relativ lange warten müssen und somit nicht spontan reagieren können, und dass die Berater in den Filialbanken darauf abzielen, häufig die überteuerten eigenen Produkte zu verkaufen, dann sollte Ihnen klar sein, wieso ein Verzicht auf Depots bei Filialbanken das einzig Richtige ist.

Die Steuern fallen nur dann an, wenn die ETF-Anteile verkauft werden und im Vergleich zum Kaufpreis ein Gewinn resultiert. Die Inflation spielt hierbei keine Rolle. Demnach werden ohne Inflationseinberechnung auch über 30 Jahre hinweg die Verkaufs- und Kaufpreise der ETF-Anteile miteinander verglichen. Es fällt ein gesonderter Steuertarif für Einkünfte aus Kapitalvermögen an, der im §32d EStG[46] formuliert ist. In Bezug auf die Geldanlage in ETFs bedeutet dies, dass 25 % der Gewinne versteuert werden müssen. Zudem fallen der Solidaritätszuschlag und individuell – je nachdem, ob der Anleger einer Kirche angehört – die Kirchensteuer an. Letzten Endes ist mit einer gesamten Steuerbelastung von knapp über 26 % auf die Gewinne aus ETFs auszugehen. Bei einem Verkauf von ETFs sollte sichergegangen werden, dass die Steuern gezahlt werden können. Vermeiden lassen sie sich ohnehin nicht. Wer einen ETF-Sparplan nutzt, um sich eine Immobilie zu finanzieren, der muss nach der Ausgabe des Geldes für die Immobilie noch genug Geld haben, um seine Lebenshaltungskosten, die Nebenkosten des Immobilienkaufs und die Steuern auf die Einkünfte aus den ETFs zu zahlen.

Auf das Thema Inflation wurde bereits ausreichend eingegangen. Diese sollte in die Kosten eines ETFs mit einbezogen werden, indem die reale Rendite des ETFs Jahr für Jahr ermittelt wird. An dieser Stelle sei kurz auf die Möglichkeit aufmerksam gemacht, zwischen allgemeiner und subjektiver Inflation zu unterscheiden: Unter der subjektiven Inflation ist die Inflation zu verstehen, die einzig und allein auf Sie zutrifft. Wenn Sie mehrere Produkte, die in die Ermittlung der allgemeinen Inflation einfließen, gar nicht kaufen, dann kann Ihre subjektive Inflation um einiges geringer sein als die allgemeine Inflation, womit einhergeht, dass für Sie persönlich das Geld weniger an Kaufkraft verloren hat. Da die Berechnung der subjektiven Inflation jedoch äußerst

---

[46] https://www.gesetze-im-internet.de/estg/_32d.html

aufwendig ist, bleibt es meistens bei der Kalkulation mit allgemeiner Inflation.

Fazit: Bei einer Geldanlage mit ETFs sollten Depot und Brokerage möglichst günstig online gewählt werden. Zudem ist bei einem Verkauf aller oder auch nur einiger ETF-Anteile die anfallende Steuer einzuberechnen. Durch die reale Rendite wird mit der Inflation ein weiterer Kostenfaktor von ETFs ausgewertet.

Minimal ins Risiko gehen

Minimal ins Risiko zu gehen, bedeutet, dass 10 bis 20 % des eigenen Wertpapierportfolios aus Anlagen bestehen, die nicht zu sehr auf Sicherheit bedacht sind. Was genau das bedeutet und wie man das Risiko in diesem Kontext messbar machen kann, thematisieren wir im sechsten Kapitel mit den dort aufgeführten Strategien näher. Ein Beispiel soll aber bereits jetzt erfolgen, indem wir die Renditen von zehn Staatsanleihen in Europa vergleichen, die jeweils auf eine Dauer von 10 Jahren ausgelegt sind:

Staat	Rendite in Prozent
Belgien	-0,016
Deutschland	-0,479
Griechenland	+1,550
Frankreich	-0,065
Italien	+1,321
Island	+2,666
Schweiz	-0,356
Niederlande	-0,237
Polen	+1,810
Russland	+7,030

Quelle: investing.com[47]

In der Tabelle sind die aktuellen Werte gemäß einem Stand vom März 2020 angegeben. Die Werte variieren ständig und sind in der Tabelle auf 10-jährige Anleihen beschränkt. Zu einem anderen Zeitpunkt werden Sie womöglich deutliche Abweichungen feststellen. Es zeigt sich trotzdem klar, dass die Staaten, die finanziell sicherer dastehen, geringere Zinsen bzw. Renditen, die sogar im negativen Bereich liegen, für deren Staatsanleihen vergeben. Andere Staaten vergeben positive Zinsen mit Renditen, die zum Teil sogar die Inflation übertreffen.

Allem voran Anleihen-ETFs sind demnach nur eine lukrative Geldanlage, wenn Sie einige Risiken hinnehmen. Der Grundsatz, dass mehr Risiko mehr Renditeaussichten zur Folge hat, lässt sich im Allgemeinen für die Börse absolut bestätigen. Da ETFs schon aufgrund ihrer Strategie, bestehende Indizes abzubilden, die Risiken minimieren, ist es kein verwerflich hohes Risiko, das Portfolio zu 10 oder 20 % mit ein oder zwei ETFs zu bestücken, die zu den riskanteren Produkten gehören.

Fazit: Rendite bedeutet Risiko – komplett lässt sich dieser Spruch nicht übernehmen. Es kann nämlich schon bei weniger riskanten ETFs eine beachtliche Rendite eingefahren werden. Aufgrund der hohen Sicherheit im Portfolio ist es empfehlenswert, bei einem Zehntel oder Fünftel des Portfolios das Risiko zu erhöhen, um auf diesem Wege die Renditechancen zu steigern.

Einfach anfangen!

Zum Investieren ist es nicht erforderlich, ein großes Vermögen zu haben. Sowohl mit kleineren Einmalbeträgen, die in

---

[47] https://de.investing.com/

unregelmäßigen Abständen hin und wieder eingezahlt werden, als auch monatlichen Sparbeträgen, ist es mehr als nur möglich, an der Börse erfolgreich zu investieren. Am Ende muss nur ein Anfang gemacht werden, denn mit jedem Jahr verstreicht ein Jahr, das mit Gewinn hätte zugebracht werden können. Was viele Anleger vom Investieren an der Börse abhält, sind unklare Regelungen oder Begriffe, wie z. B. Steuern. Diese Begriffe wurden bereits ausführlich in diesem Ratgeber behandelt und werden dies auch weiterhin. Was Anfängern häufig fehlt, ist die passende Strategie. Auch diese erhalten sie hier. Ebenfalls ein Faktor, der aufhält, ist die eigene Disziplin. An dieser Stelle kann nur gesagt werden: Nun, wenn Sie nicht die Disziplin haben, sich einmal hinzusetzen und an einem Nachmittag ein langfristiges Aktienportfolio aus ETFs zusammenzustellen, dann ist es um Ihre künftige Vermögenssituation wahrlich schlecht bestellt. Mehr als diesen einen Nachmittag zum Zusammenstellen des Portfolios werden Sie nach dem Lesen dieses Buches nämlich ganz sicher nicht brauchen. Also: Fangen Sie einfach an!

In drei simplen Schritten frei von Restzweifeln und -ängsten!

Falls Sie noch Restzweifel oder -ängste haben, dann sollte Ihnen dieses spezielle Unterkapitel auf eine unkonventionelle Weise dabei helfen, beides loszuwerden. Nach dem Studium dieses Unterkapitels werden Sie definitiv in der Lage sein, an der Börse erfolgreich einen Anfang zu finden. Sie müssen nur die Hinweise in den folgenden Abschnitten verinnerlichen, die ein ganz spezielles Gesetz behandeln: Das Gesetz der Anziehung, auch Resonanzgesetz genannt.

Wenn Sie von diesem Gesetz einmal gehört haben, dann werden Sie sich vielleicht fragen, was dieser esoterische Ansatz nun in diesem Finanzratgeber zu suchen hat. Doch Vorsicht, zwei feine und wichtige Informationen zu Beginn:

1. Das Gesetz der Resonanz hat nichts mit Esoterik zu tun und ist wissenschaftlich begründet.

2. Zahlreiche wohlhabende Menschen und Millionäre haben durch dieses Gesetz zum Reichtum gefunden.

Handeln wir also das Gesetz der Anziehung in drei Schritten ab:

• *Was ist das Gesetz der Anziehung?*

Das Resonanzgesetz ist ein seit Jahrhunderten und Jahrtausenden in Form von Redewendungen und dem Lebensstil von Menschen transportiertes Gesetz. Es geht davon aus, dass alles, was uns Menschen widerfährt, durch uns verursacht ist. „Wie man in den Wald hineinruft, so schallt es wieder heraus", würde es in Form eines Spruchs heißen. Wenn ein Mensch demnach skeptisch ist oder Angst hat, zieht er das Unglück an. Also wird er nicht erfolgreich sein. Die Personen hingegen, die positiv denken, ziehen das Glück an und sind erfolgreich bei allem, was sie unternehmen.

Dem Resonanzgesetz haben sich sogar Wissenschaftler gewidmet, von denen Dr. Ulrich Warnke der wohl bekannteste ist. In einem YouTube-Video[48] erklärt er in einem Interview, wie es dazu kommt, dass der Mensch Kraft seiner Gedanken Ereignisse zu beeinflussen vermag. Und zwar sorgt die Bewegung von Körperteilen in Kombination mit Gefühlen für Schwingungen. Diese Schwingungen werden nach außen getragen und wirken sich auf die Moleküle in

---

[48] https://www.youtube.com/watch?v=lVhFhR_lSdw&t=225s

der Umgebung aus. Dies ist die Kurzform. Sollte Ihnen dies nicht genug der wissenschaftlichen Erklärung sein, so stehen Ihnen Bestseller, wie beispielsweise Rhonda Byrnes *The Secret*, zur Verfügung, die sich ausführlich und von allen Seiten diesem Thema widmen.

- *Schön und gut. Und wieso soll das ausgerechnet im Kontext mit meinen Finanzen wichtig sein?*

Es ist wichtig, weil das Gesetz der Anziehung überall und jederzeit wirkt! Je positiver Sie in Ihren Gedanken sind, umso mehr Erfolg werden Sie haben. Eindrucksvoll bezieht T. Harv Ecker diesen Sachverhalt auf das Thema Finanzen in seinem Werk *So denken Millionäre*. Dort konstatiert er zunächst, dass die physische Welt in unserer Umgebung nur das Ergebnis unser dreier Quadranten ist: Der mentalen Welt, der emotionalen Welt und der geistig spirituellen Welt.[49] Demnach sei es notwendig, die Impulse für den Erfolg in der Außenwelt in sich selbst zu setzen. Passend dazu heißt es an anderer Stelle in Eckers Werk: „Gedanken [...] führen zu Gefühlen [...]. Gefühle führen zu Handlungen [...]. Handlungen führen zu Ergebnissen [...]."[50]

- *Mal angenommen, ich würde dies glauben: Wie setze ich dieses Gesetz bei der Geldanlage in ETFs für meinen Erfolg um?*

Das Gesetz verlangt nichts anderes als drei Komponenten, die Rhonda Byrne in ihrem Bestseller

---

[49] Ecker, T. H.: So denken Millionäre, Pos. 245.
[50] Ecker, T. H.: So denken Millionäre, Pos. 316.

The Secret kompakt zusammenträgt: Frage, Glaube, Empfang. Zunächst muss angefragt werden, was denkbar einfach verläuft. Hierbei müssen Sie Ihren Wunsch oder Ihr Ziel lediglich präzise definieren. Nachdem Sie dies getan haben, ist ein unbedingter Glaube an den persönlichen Erfolg wichtig. Sie müssen daran glauben, dass Ihr Wunsch **bereits erfüllt ist**. Denn nur so werden Sie die Gedanken los, die Sie limitieren und im Kopf arm sein lassen. Durch den herbeigedachten Reichtum werden Sie wirklich reich, zunächst an positivem Denken, dann an Erfolg und Geld. Da die positiven Renditen der ETFs aus den letzten Jahren und Jahrzehnten offensichtlich und lukrativ sind, sollte es Ihnen leichtfallen, an die Erfüllung Ihres Ziels zu glauben. Das Empfangen als letzter Schritt verlangt von Ihnen, dass Sie sich gut fühlen, was durch den Glauben automatisch erfolgt. Denn wenn Sie glauben, sind Sie beruhigt und fühlen sich erfolgreich bei Ihrer Geldanlage.[51]

Und nun: Glauben Sie daran, dass sich Erfolg anziehen lässt? Je mehr Sie dies tun, umso eher werden Sie erfolgreich sein. Zweifellos sind Geldanlagen in ETFs so sicher, dass selbst Pessimisten auf lange Sicht gute Renditen erzielen dürften. Aber die größte Sicherheit verleiht positives Denken. In diesem Sinne sind die letzten Zweifel und Ängste nur dann beseitigt, wenn die eigene Einstellung zum Thema angemessen ist.

Zusammenfassung

Wer erfolgreich Geld in ETFs anlegen möchte, sollte einfach damit beginnen. Eine positive Einstellung trägt wesentlich

---

[51] Byrne, R.: The Secret, S. 63ff.

zur Sicherheit und zum Erfolg bei. Unwichtig sind beim Engagement das Währungsrisiko und regelmäßige Sparangebote anderer ETF-Anbieter. Wer einmal in einen ETF investiert hat, sollte diesen ohne Rücksicht auf die Fondswährung – diese wird schließlich sowieso umgerechnet – und günstigere ETFs bei anderen Fondsgesellschaften behalten.

Bei der Investition in einen ETF sind die Ziele konkret zu benennen und die Kosten sowie die realen Renditen permanent zu kalkulieren. Beim Verkauf eines ETFs muss immer ausreichend Kapital gegeben sein, um die Steuern zu finanzieren und das persönliche Ziel in die Tat umzusetzen. Es darf bei der Geldanlage zu 10 bis 20 % in ein moderates Risiko gegangen werden, sofern das ETF-Portfolio mit verschiedenen ETFs bestückt wird. Denn Risiko steigert die Renditeaussichten. Schlussendlich ist an jedes Investment die eigene Überzeugung geknüpft: ETFs, über die ausreichend Kenntnisse vorhanden sind und deren Wertentwicklung mit Überzeugung gegenüber gestanden wird, sind die einzigen ETFs, in die Anleger investieren sollten.

Depot eröffnen – Schritt für Schritt zur ersten Order

Wer in ETFs investieren möchte, benötigt ein Depot für Wertpapiere. Das Depot ist so etwas wie ein Konto, auf dem aber kein Geld, sondern Wertpapiere gelagert werden. Wertpapierhandel nur mit Konto und ohne Depot ist nicht möglich. Das Depot finden Sie sowohl bei Ihrer bisherigen Bank als auch bei anderen Banken. Zudem bieten Online-Broker Depots an. Für ein Depot können laufende Gebühren anfallen, was vom jeweiligen Anbieter abhängt. Auch für die Transaktionen bzw. Orders, die der Broker im Namen der Anleger ausführt, fallen oftmals Gebühren an. Zunächst muss ein möglichst kostengünstiges, aber ebenso zuverlässiges Depot mit Broker gewählt werden. Anschließend erfolgt die Auswahl der ETFs durch einen Vergleich verschiedener Geldanlage-Produkte. Nach Auswahl der ETFs ist es bis zur ersten Order und der gelungenen Investition ein leichtes Spiel. Dieses Kapitel erklärt den gesamten Vorgang Schritt für Schritt.

Wo finde ich Angebote für Depots und Brokerages?

Depots und Brokerages sind bei Banken und Brokern anzutreffen. Unter den Banken lässt sich zudem zwischen den Filialbanken und den Direktbanken – bisher Online-Banken genannt – unterscheiden. Es wurde in den vergangenen Kapiteln dazu Stellung bezogen, dass Filialbanken teurer sind als Direktbanken. Dazu soll an dieser passenden Stelle eine kurze Erklärung erfolgen.

Filialbanken sind all die Banken, die lokale Niederlassungen unterhalten. Sie werden so genannt, weil sie Filialen vor Ort haben. In diese Filialen kann der Kunde kommen, um sich beraten zu lassen, Geld abzuheben, Geld zu überweisen, Geld einzuzahlen, Kontoauszüge auszudrucken, Kredite zu beantragen und eben ein Depot zu eröffnen. Neben den Dienstleistungen an den eigenen Filialen haben Banken oft Zusammenschlüsse mit anderen Banken (z. B. CashPool, CashGroup), durch die Bargeldabhebungen an mehreren Automaten in Deutschland möglich sind. Die Filialbanken lassen sich den Service allerdings einiges kosten... Dies macht sich zum einen in Grundgebühren für die Führung eines Girokontos bemerkbar. Zum anderen ist der Großteil der anderen Leistungen, wie beispielsweise die Depotführung und die Ausführung von Orders über den Broker, teurer. Filialbanken rechtfertigen die höheren Kosten mit dem persönlichen Service vor Ort, der hohen Qualität sowie der guten Verfügbarkeit von Dienstleistungen. Tatsächlich allerdings darf die Objektivität des Service angezweifelt werden, denn kommt ein Anleger beispielsweise in eine Filiale der Sparkasse, Postbank oder einer anderen Filialbank und möchte sein Geld in Wertpapiere anlegen, erfolgt die Beratung fast ausschließlich oder größtenteils zu den eigenen Anlageprodukten. Darüber hinaus sind viele Filialbanken nur dürftig digitalisiert, sodass die gute Verfügbarkeit der Dienstleistungen angezweifelt werden darf.

Anders gestaltet es sich bei den Direktbanken, die aufgrund fehlender Filialen vor Ort fast nur auf digitalem Wege operieren. Die Kommunikationskanäle sind Anwendungen für Endgeräte, über die das Online-Banking erfolgt, Websites, E-Mail und bei einigen Banken telefonische Kundenservices. Weil Direktbanken keine Infrastruktur und kein Personal vor Ort haben, für das der Großteil der laufenden Kosten aufgewendet wird, sind die Girokonten fast bei jedem Anbieter in den meisten Tarifen kostenlos. Zudem entfallen

Grundgebühren fürs Depot oder sind weitaus geringer als bei Filialbanken, und die Ordergebühren sind vergleichsweise gering. Kontoauszüge lassen sich über das Online-Banking selbst ausdrucken, Überweisungen per Online-Banking tätigen. Für flexible Bargeldverfügungen wird oftmals eine kostenlose Kreditkarte hinzugegeben (Anmerkung: Bei Filialbanken kosten Kreditkarten meistens um die 30 € im Jahr), um an einer Vielzahl an Automaten in Deutschland kostenlos Bargeld abheben zu können.

Als dritte Option gibt es die Online-Broker, die am günstigsten sind. Hier können Sie Depots eröffnen und Broker mit der Ausführung von Orders beauftragen, jedoch kein eigenes Konto unterhalten. Dieser Aspekt ist ein geringfügiger Nachteil. Denn haben Sie das Girokonto direkt bei demselben Anbieter, bei dem Sie Ihr Depot und die Brokerage haben, dann haben Sie Ihren Kontostand auf dem Girokonto **und** Ihren Wertpapierbestand bzw. das Vermögen aus den Wertpapieren auf einen Blick. Dies ermöglicht Ihnen eine bessere Abbildung Ihrer finanziellen Gesamtsituation. Sehr wohl können Sie aber auch ein Haushaltsbuch führen oder Ihre finanzielle Situation per Software erfassen, sodass Sie sich selbst für Konto und Depot sowie Brokerage einen kompakten Überblick über Ihre gesamte finanzielle Situation schaffen.

Bei allen vermittelten Informationen gilt: Achtung! Speziell bei ETFs sind die Gebühren für die Orders bei den meisten Banken und Brokern geringer, sodass auch Filialbanken plötzlich günstig werden können. Achten Sie deswegen bei einem Vergleich der Angebote im Internet darauf, wie die Gebührenstruktur bei ETFs ausfällt. Sollten Sie mit dem Gedanken spielen, in ferner Zukunft auch in einzelne Wertpapiere zu investieren, dann müssen Sie neben den Gebühren für ETFs auch die Kostenfaktoren für andere Orders beachten. Letztendlich siegt in Ihrem Vergleich die Bank bzw. der Broker, die bzw. der für Sie persönlich das lukrativste Angebot hat. Die Angebote an sich finden Sie auf den Websites der einzelnen Anbieter. Hier einige Namen, damit Sie erste Anlaufstellen haben:

- Trade Republic (Online-Broker)
- ING DIBA (Direktbank)
- xtb Online Trading (Online-Broker)
- Finanzen.net (Online-Broker)
- Consorsbank (Direktbank)

Einfluss auf den Vergleich hat auch, wie hoch die einzelnen Orders sind. Wer beispielsweise mit monatlichen Beträgen von 25 € spart, muss bei den Tradinggebühren von 5,95 € bei einigen Banken direkt einen Verlust von über 20 % hinnehmen. Entsprechend unter diesem Blickwinkel der Ordervolumen sowie der eventuell speziellen Bedingungen für ETFs müssen die Banken sowie Online-Broker untereinander verglichen werden.

Fazit: Von Depots und Brokerages bei Filialbanken sollten Sie sich distanzieren. Die Vorteile dessen dringen nicht zum Anleger durch, sodass es eher kostenintensive Entscheidungen sind. Der einzige Grund, der ein Depot und eine Brokerage bei Filialbanken rechtfertigen könnte, ist wenn Sie dort bereits ein Girokonto haben. Dann haben Sie mit einem zusätzlichen Depot alle Finanzen auf einen Blick. Besonders bei kleinen Sparbeträgen (bis 50 € pro Order) sind aber die Direktbanken und Online-Broker das einzige, was sich lohnt. Sofern Sie Ihr Girokonto bei einer Filialbank haben, können Sie zur Direktbank wechseln und an Kontoführungsgebühren sparen. Durch ein zusätzliches Depot samt Brokerage bei der Direktbank haben Sie Ihre komplette finanzielle Situation im Blick und geringe Kosten für die Geldanlage in Wertpapiere. Demnach sind Direktbanken die größte Empfehlung. Möchten Sie am günstigsten investieren und ist Ihnen ein Direktüberblick über Ihre kompletten Finanzen nicht wichtig, dann sind Online-Broker die besten Anbieter für die Eröffnung eines Depots.

Wie vergleiche ich die ETFs untereinander?

Sie haben sich mit den Inhalten dieses Ratgebers bereits reichlich Fachwissen angeeignet, um die einzelnen ETFs umfassend miteinander vergleichen zu können. Was für einen fachmännischen Vergleich noch fehlt, sind die beiden Aspekte Gesamtkostenquote und Ertragsverwendung.

Die Gesamtkostenquote wird von den ETF-Anbietern abgekürzt als TER (Total Expense Ratio) angegeben und ist ein prozentualer Wert, der in Relation zu den angelegten Beträgen die Kosten angibt. Lautet die Gesamtkostenquote 0,25 %, so muss demnach dieser prozentuale Anteil des angelegten Geldbetrags als Gebühr an die Fondsgesellschaft gezahlt werden. Wichtig an dieser Stelle: Die Gebühren für das Depot und die Order bei der Bank bzw. dem Online-Broker kommen noch dazu! Bei der Gesamtkostenquote handelt es sich also um eine rein an die Fondsgesellschaft gezahlte Gebühr.

Neben der Gesamtkostenquote ist die Art der Ertragsverwendung ein wichtiges Kriterium: Der ETF kann ausschüttend oder thesaurierend sein. Grundsätzlich ist ein thesaurierender ETF immer vorteilhafter, weil die von den Unternehmen im ETF gezahlten Dividenden von der Fondsgesellschaft dann automatisch in den ETF reinvestiert werden. So bekommen Sie im Verlaufe des Jahres keine Dividenden ausgezahlt, was die steuerlichen Anforderungen senkt. Stattdessen werden die Dividenden reinvestiert und Ihr im ETF angelegtes Vermögen wächst. Die andere Form der Ertragsverwendung ist die Ausschüttung, wobei Sie die Dividenden in einem bestimmten Turnus – jährlich, halbjährlich oder quartalsweise – ausgezahlt bekommen. Der Nachteil ist, dass Sie das ausgeschüttete Geld selbst reinvestieren und dafür Gebühren zahlen müssen. Des Weiteren kommt eventuell die Versuchung auf, die Dividende für den privaten Konsum aufzuwenden. Somit ist ein thesaurierender ETF für eine langfristige Geldanlage in ETFs am vorteilhaftesten.

Ansonsten hat ein Vergleich der verschiedenen ETFs, um das richtige Anlageprodukt für sich persönlich auszuwählen, über eine Plattform zu erfolgen. Die besten hierfür geeigneten Plattformen sind justef.com und extraetf.com.

justetf.com

Quelle: justetf.com[52]

Dieser Screenshot zeigt den oberen Teil der Vergleichsseite für ETFs auf justetf.com. In der linken Seitenspalte lassen sich die ETFs nach folgenden Kriterien auswählen:

- Anlageklasse
- Indexauswahl (hier sind die ETFs nach Namen aufgelistet)
- Alter des ETFs
- Ertragsverwendung (hier als Ausschüttung angegeben)

---

[52] https://www.justetf.com/de/find-etf.html

- Replikationsmethode
- Indexfamilie (hier kann nach den verschiedenen Indizes segmentiert werden)
- Börsenplatz
- U. v. m.

Tipp!

Wählen Sie unter Börsenplatz immer die deutschen Börsen an, also die XETRA für den elektronischen Handel der Frankfurter Börse sowie die Börse Stuttgart. Der Grund dafür ist, dass nicht alle ETFs an allen Börsen handelbar sind. Da Sie an deutschen Börsen agieren, muss der ETF auch an deutschen Börsen gelistet sein. Meistens wählt justetf.com die deutschen Börsen sowieso automatisch an und kommt Ihnen somit entgegen.

Weiter rechts, mit dem meisten Platz auf der Webseite, finden Sie die Auflistung der Indizes. Sie haben in der Standard-Übersicht einen kleinen Chart-Ausschnitt, die Fondswährung (die unwichtig ist, wie wir erkannt haben), das Fondsvolumen, die Gesamtkostenquote und die 1-Jahres-Rendite. Darüber hinaus können Sie in der Leiste weiter oben andere Vergleichsoptionen, u. a. Risiko, % Perioden und % Jahre, anwählen.

Über eine Suchleiste ganz oben, die im Screenshot weggeschnitten ist, können Sie den Namen des Indizes eingeben und auf diesem Wege das Angebot an ETFs durchsuchen, die diesen Index nachbilden. Nehmen wir an, wir hätten aus den Optionen den MSCI World vom Anbieter iShares gewählt und diesen in der Liste angeklickt. In diesem Fall würde uns justetf.com folgende Infos preisgeben:

107

Quelle: justetf.com[53]

Wichtig ist, dass sich hier das Factsheet als PDF zum Download abrufen lässt. Der entsprechende Link ist in Orange und mit „Factsheet DE" bezeichnet unterhalb der Anlagestrategie auffindbar. Im Factsheet sehen Sie die Zusammensetzung des ETFs und dessen Performance im Vergleich zum Index. Besonders stark bei iShares MSCI-World-ETF ist, dass die Performance minimal besser als die des Vergleichsindizes ist, womit sogar der Markt geschlagen wird. Rückschlüsse auf die gute Performance liefert ein Blick in die Zusammensetzung des ETFs, die im Factsheet ebenfalls auffindbar ist. Ganz oben im Screenshot, unter dem Titel und der Bezeichnung des ETFs, finden Sie die ISIN und die WKN. Bei beidem handelt es sich um Daten, die bei der Ordervergabe an den Broker wichtig sind. Merken Sie sich diese beiden Daten für das nächste Unterkapitel 5.3.

Ansonsten bietet justetf.com weiterführende Informationen, wenn die im obigen Screenshot abgebildete Seite weiter heruntergescrollt wird:

---

[53] https://www.justetf.com/de/etf-profile.html?query=
IE00B4L5Y983&groupField=index&from=search&isin=
IE00B4L5Y983

Quelle: justetf.com[54]

Die Replikationsmethode (physisches optimiertes Sampling), Ertragsverwendung (Thesaurierend) und weitere Angaben ermöglichen eine gute Einschätzung des ETFs. Was hilfreich ist, ist die Anzeige der Steuerdaten, um mehr zur Besteuerung der ETF-Erträge zu erfahren. Da das Fondsdomizil dieses ETFs Irland ist, können sich steuerliche Besonderheiten ergeben, über die im Bundesanzeiger informiert wird. Zudem lassen sich unten auf der Website weitere Daten abrufen. Mitunter am wichtigsten sind die „Wertpapierleihe Counterparty". Hier erfolgt im Falle einer Wertpapierleihe die Auflistung mehrerer Banken oder Geldinstitute. Je mehr von diesen Banken und Geldinstituten bekannt sind, umso besser ist es für die Sicherheit des ETFs.

Machen Sie diesen Vorgang für mehrere ETFs, so werden Sie in der Lage sein, gute ETF-Produkte für die eigene Geldanlage zu finden. Die Datenbank auf der Vergleichsseite justetf.com ist jedenfalls groß genug. Der Vergleichsanbieter ist einer der beliebtesten im Web.

---

[54] https://www.justetf.com/de/etf-profile.html?query=IE00B4L5Y983&groupField=index&from=search&isin=IE00B4L5Y983

extraetf.com

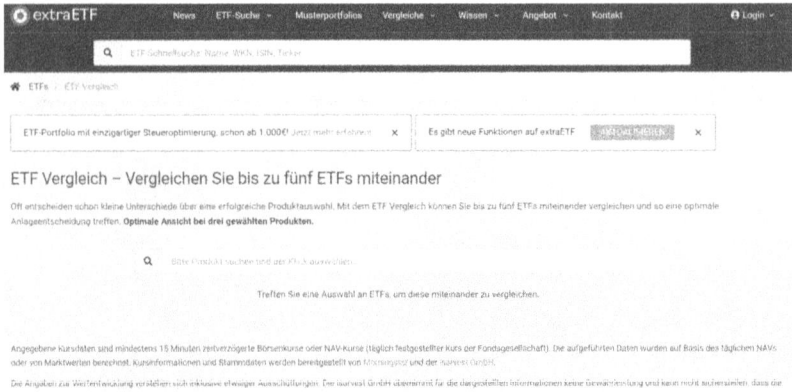

Quelle: extraetf.com[55]

Die Vergleichsplattform extraetf.com ist eine gute Ergänzung, weil sie den Vergleich mehrerer ETFs untereinander ermöglicht. Bis zu fünf ETFs können ohne Hin- und Herschalten zwischen verschiedenen Tabs oder Fenstern auf einer Webseite verglichen werden. Damit geht ein großer Komfort einher. Zudem entgehen mit geringerer Wahrscheinlichkeit wichtige Vergleichsaspekte Ihrem Blick, wenn Sie mehrere ETFs auf einer Webseite vergleichen.

Der Vergleich läuft so ab, dass Sie in die angezeigte untere Suchmaske im Screenshot den Namen des Indizes eingeben, zu dem Sie die ETFs suchen. Dann können Sie einen ETF auswählen. Direkt im Nachgang geben Sie den Index erneut ein und wählen den zweiten ETF, mit dem Sie einen Vergleich durchführen möchten. So sieht es dann im ersten Schritt aus:

---

[55] https://de.extraetf.com/etf-comparison

Quelle: justetf.com[56]

Sie sehen ein Chart mit zwei Linien. Der Grund, weswegen Sie die blaue Linie nicht sehen, ist, dass beide Indizes fast gleich im Wertverlauf sind und die orange Chartlinie die blaue verdeckt. Welche Chartlinie welchem ETF zuzuordnen ist, entnehmen Sie der Legende unterhalb des Charts. Bei einer Mausbewegung über den Chartverlauf lassen sich die präzisen Kursverläufe zu einzelnen Daten einsehen.

Im unteren Verlauf dieser Webseite erhalten Sie weitere Daten zu beiden ETFs:

Quelle: justetf.com[57]

---

[56] https://de.extraetf.com/etf-comparison?etf=IE00B5BMR087,I E00B3XXRP09

[57] https://de.extraetf.com/etf-comparison?etf=IE00B5BMR087,I E00B3XXRP09

Wie ersichtlich ist, werden ETFs auf den US-amerikanischen S&P500 miteinander verglichen. Unterschiede ergeben sich vor allem in der Ertragsverwendung und im Fondsvermögen. Ansonsten performen beide Indizes annähernd gleich und weisen nahezu identische Eigenschaften auf. Weiter unten auf der Webseite finden sich noch Auflistungen von Börsen, an denen die ETFs gehandelt werden.

Die Website extraetf.com kann als einzige Website zum Vergleich verschiedener ETFs und als Basis für die persönliche Anlageentscheidung genutzt werden. Besonders stark ist extraetf.com allerdings in Kombination mit justetf.com. Justetf.com liefert einen enormen Umfang an Produkten und Vergleichsfunktionen, während extraetf.com den gleichzeitigen und übersichtlichen Vergleich mehrerer ETF-Produkte ermöglicht.

Fazit: Im Idealfall vergleichen Sie über beide Vergleichsportale, zuerst justetf.com und anschließend extraetf.com, die verschiedenen ETFs. Anschließend können Sie, sobald Sie ein paar bevorzugte ETFs ausgesucht haben, gezielt nach den Anbietern und deren ETFs googeln, um weitere Informationen zu erhalten. Aus der Menge an Informationen wählen Sie schließlich die ETFs, in die Sie langfristig investieren möchten.

Wie richte ich mein Depot ein und gebe ich Orders in Auftrag?

Sollten Sie das Depot bei Ihrer Filialbank einrichten, dann bekommen Sie den gesamten Ablauf und die Beauftragung mit Orders erklärt. In diesem Ratgeber werden keine Anstrengungen genommen, den Filialen die Arbeit abzunehmen, zumal diese bei der Depoteinrichtung die Anleger eng betreuen. Die folgende kurze Einleitung richtet sich demzufolge an Anleger, die mit Online-Banken und Online-Brokern zusammenarbeiten.

Sie besuchen im ersten Schritt die Website eines Anbieters und eröffnen dort ein Depot. Der Button zur Depoteröffnung wird gut aufzufinden und farblich hervorgehoben sein, da es im Interesse des Anbieters ist, dass Sie bei ihm ein Depot eröffnen. Mit der einfachen Navigation zur Depoteröffnung stoßen Sie auf ein Online-Formular.

In diesem Online-Formular müssen Sie Fragen beantworten und personenbezogene Daten eingeben, die für die Eröffnung eines Depots notwendig sind. Dazu gehören auch die eigenen Kontodaten.

Daraufhin folgen E-Mail- und Post-Austausch mit weiteren Informationen sowie einem Formular, dass Sie unterschreiben und zurückschicken müssen. Eine Depoteröffnung verlangt eine schriftliche Einverständniserklärung Ihrerseits. Eventuell erfolgt der gesamte Vorgang über ein Video-Ident-Verfahren. Dann bleibt Ihnen der Postaustausch erspart und ein Identitätscheck erfolgt über eine spezielle Video-Ident-App des Anbieters. In diesem Fall haben Sie in einer halben Stunde ein eigenes Depot.

Sobald das Depot angemeldet ist, kann es eingerichtet werden. Manchmal ist keine Einrichtung erforderlich. Dann können Sie direkt die Orders in Auftrag geben. Ist eine Einrichtung notwendig, dann werden Sie meistens nur abgefragt, um Ihre Risikoklasse einzuschätzen und Ihnen die richtigen Empfehlungen zur Geldanlage auszusprechen.

Unabhängig davon, ob mit oder ohne Einrichtung: Die Orders können Sie auf zwei Wegen vergeben. Entweder bietet Ihnen Ihre Bank bzw. Ihr Broker einen speziellen ETF-Sparplan an, den Sie gebührenfrei oder mit geringen Gebühren regelmäßig besparen können. Hier müssen Sie lediglich den Sparplan auswählen und den Anweisungen folgen. Oder aber Sie stellen sich ein eigenes Portfolio zusammen, in dem Sie in eigens ausgewählte ETFs investieren. Diesen Vorgang mit Investmentstrategie erklärt das sechste Kapitel genau. Bei der eigenen Zusammenstellung eines Portfolios müssen

Sie die ETFs selbst auswählen. Hierzu benötigen Sie bei einer Brokerage die ISIN und WKN, die als Daten im Abschnitt 5.2.1 erklärt und gezeigt wurden. Über eine Suchmaske tragen Sie die Nummern an der dafür vorgesehenen Stelle ein und finden auf diese Weise die ETFs. Durch die Eingabe eines Geldbetrags zur Investition und eventueller weiterer Daten beauftragen Sie im letzten Schritt den Broker mit der Order zum Kauf.

Zusammenfassung

Die Auswahl eines Depots und einer Brokerage erfolgt im Idealfall bei einer Direktbank oder einem Online-Broker, da hier die Gebühren am geringsten ausfallen. Für eine optimale Finanzübersicht ist es angeraten, eine Direktbank auszuwählen und bei dieser auch das eigene Girokonto zu haben. Online-Broker sind wiederum die günstigste Option.

Nach der Eröffnung eines Depots können ETFs verglichen und die ansprechendsten Anlage-Produkte ausgesucht werden. Es ist empfohlen, zunächst im Vergleich die umfangreiche Datenbank bei justetf.com zu nutzen und im Anschluss die favorisierten ETFs auf extraetf.com einander direkt gegenüberzustellen, um das passende Produkt zur Geldanlage zu finden. Mit den auf Vergleichsportalen vorhandenen Kennzahlen zum jeweiligen ETF – ISIN und WKN – werden beim Broker die Orders in Auftrag gegeben und auf diesem Wege Geld angelegt.

Anlegen mit Strategie

Die Anlagestrategie bei ETFs ist alles andere als ein Drahtseilakt. Da ETFs als „anfängerfreundliche" Anlage-Produkte anzusehen sind, fällt die Erarbeitung einer passenden Strategie jedem Anleger leicht. Wir gehen strukturiert vor, indem wir uns zuerst mit der fundamentalen Frage beschäftigen, ob regelmäßige Zahlungen oder unregelmäßige, hohe Einmalinvestitionen beim Kauf von Anteilen sinnvoller sind. Hier werden Anleger mit eng geschnürtem Geldbeutel merken, dass bereits kleine monatliche Sparbeträge das Investment in ETFs lukrativ ermöglichen. Wohlhabende Anleger werden lernen, wieso es doch besser ist, nicht alles oder einen Großteil auf einmal zu investieren, sondern monatlich Geld zurückzulegen. Nach dem Rhythmus des Besparens widmen wir uns dem Aufbau eines Portfolios, wobei Sie kennenlernen, wie ein rationaler Mix aus soliden und sicheren ETFs sowie riskanteren Produkten zusammengestellt wird. Zuletzt widmen wir uns dem Rebalancing, das eine regelmäßige Aktualisierung des Portfolios vorsieht.

Regelmäßig besparen oder unregelmäßige Einmalinvestitionen?

Wer sein Geld anlegt, kann dies mit unregelmäßigen Einmalzahlungen oder regelmäßigen Zahlungen machen. Auch eine Mischform aus beidem ist möglich.

Unregelmäßige Einmalzahlungen könnten so aussehen, dass Sie gerade viel Geld haben und dieses Geld ohne besondere Verwendung auf dem Konto liegt. Je nachdem, um wie viel Geld es sich handelt, könnte das Geld in einem Schwung auch in eine Immobilie angelegt werden. Der Immobilienmarkt ist zweifellos vielversprechend und neben der bloßen Wertsteigerung der Immobilie hätten Sie obendrein die

Mieteinnahmen. Allerdings ist die Investition in eine Immobilie steuerlich komplexer und bei einer Tätigkeit als Vermieter zudem aufwendiger. Bei Geldanlagen in ETFs ist es einfacher, zudem können Sie die Anteile jederzeit verkaufen und haben die finanziellen Mittel wieder verfügbar. Dementsprechend merken wir: Ein hoher Einmalbetrag in ETFs ist für uns interessanter.

Nach der Zahlung dieses Einmalbetrags ist es eine denkbare Vorgehensweise, einfach abzuwarten und zu schauen, wie sich das Investment entwickelt. Parallel wird weiterhin Geld verdient oder gespart, um es irgendwann nochmals in Form eines hohen Einmalbetrages in ETFs zu investieren oder aber in eine andere Geldanlage zu legen. Die Zahlungen hoher Einmalbeträge haben mehrere Vorteile:

- **Kein konstantes Risiko**

  Wenn Sie einmal einzahlen, tragen Sie fürs Erste nur das Anfangsrisiko. Es sind keine monatlichen Beträge, die Sie einem Risiko unterwerfen. Sollten Sie nach zwei Jahren merken, dass der hohe anfangs investierte Betrag sich ausgezahlt hat, können Sie den nächsten hohen Betrag nachschieben. Es bleibt Ihnen aber erspart, in einen monatlichen Investitionsstrudel zu geraten und dadurch irgendwann unbewusst ins Risiko zu gehen.

- **Geringere Gebühren**

  Wenn Sie die Ordergebühren von Banken und Brokern vergleichen, dann wird Ihnen auffallen, dass es häufig Mindestgebühren gibt oder die Gebühren pro Order fix sind. Je höher der investierte Betrag, umso geringer fallen dementsprechend die Gebühren im Verhältnis zur Investition aus. Wer beispielsweise bei der Sparkasse sechs Euro pro Order zahlt und monatlich 25 Euro in den ETF investiert, hat einen mehr als 20-prozentigen Anteil an Gebühren. Wer wiederum einen hohen Einmalbetrag einbringt, der sich auf 5.000 oder 10.000 Euro beläuft, hat mit den sechs Euro Ordergebühren nicht einmal einen Prozent Anteil am Investitionsbetrag. Es muss bei dieser Rechnung allerdings auf die eventuell speziellen Regelungen für ETFs Rücksicht genommen werden.

Es ist zudem eine Kombination von Einmalbeträgen mit monatlichen Sparbeträgen möglich. Immer, wenn etwas mehr Geld auf der Kante liegt, kann es in den ETF investiert werden. Wieso sollte es nur auf dem Konto liegen und nicht passiv für Sie arbeiten? Es gibt keinen Grund. Demnach werden höhere Beträge unregelmäßig nachgeschoben – je nachdem, wann gerade höhere Geldbeträge verfügbar sind. Das Grundgerüst bilden aber die monatlichen Einzahlungen. Neben diesem Mischprodukt aus Einmalzahlungen und monatlichen Sparbeträgen gibt es noch das Szenario, in dem Sie sich auf die monatlichen Einzahlungen beschränken.

Die Vorteile eines monatlichen Erwerbs von Anteilen für den ETF sind weitreichend. Sofern ein günstiger Broker oder eine günstige Bank für Depot und Brokerage gewählt werden, spielt die Problematik der häufigen Zahlungen und häufigen Ordergebühren kaum mehr eine Rolle. Dafür treten mehrere Vorteile auf:

- **Vorsichtige Anfangsstrategie**

  Durch das monatliche Investieren wird eine für Anfänger besonders wichtige Sicherheit erzeugt. Im Gegensatz zum hohen Anfangsinvestment kann in den ersten Monaten mit geringeren Beiträgen gezielt geübt werden kann, falls man denn überhaupt eine

Notwendigkeit zur Übung sieht. Im Gegensatz zur Einmalinvestition besteht zwar das Risiko, monatlich einzuzahlen und in eine Regelmäßigkeit zu geraten, sodass über die Geldanlage nicht mehr nachgedacht und zwischendurch auftretende Marktrisiken nicht beachtet werden. Der Eintritt eines solchen Risikos hängt vom Anlegertyp ab.

- **Absolute Umsetzbarkeit**

  Während nicht jede Person höhere Beträge für Einmalzahlungen auf dem Konto hat, verhält es bei monatlichen Sparbeträgen anders. Wenn der Geldbeutel enger sitzt, muss eventuell auf das eine nutzlose Abo unter vielen verzichtet und vielleicht eine Pizza weniger im Monat bestellt werden, aber dass sich 20 oder 30 Euro monatlich für ein Investment in ETFs nicht mobilisieren ließen, ist höchst selten.

- **Bessere Umsetzung der Strategien**

  Sie werden es noch im weiteren Verlauf dieses Kapitels merken: Das Optimum aus den Strategien holen Sie am ehesten dann heraus, wenn Sie von monatlichen Sparbeträgen Gebrauch machen.

Bei alledem gibt es einen weiteren triftigen Grund, der für monatliches Investieren in das eigene ETF-Portfolio spricht. Es ist der Cost-Average-Effect; zu Deutsch: Durchschnittskosteneffekt. Diesem Effekt widmen wir uns im Folgenden intensiver, da er das Herzstück der monatlichen Sparweise ist.

Cost-Average-Effect

Unter dem Cost-Average-Effect bzw. Durchschnittskosten-effekt ist eine Erscheinung zu verstehen, die sich dann am stärksten bemerkbar macht, wenn mit regelmäßigen Beträgen gespart wird. Der Annahme des Durchschnittskosteneffekts nach, sorgen die Kursschwankungen eines Wertpapiers dafür, dass zwischendurch mehr Anteile eines Wertpapiers zu einem geringen Preis aufgekauft werden. Dies bewirkt, dass im Vergleich zu einer Investition mit Einmalzahlungen am Ende bei demselben investierten Betrag eine höhere Menge an Anteilen und somit ein höherer Profit das Ergebnis ist. Wie dies funktionieren kann, erklären die folgenden tabellarischen Darstellungen.

Monat	Sparbetrag	Preis pro Aktie / Anteil	Gekaufte Aktien / Anteile
Januar	400 €	70 €	~ 5,7
Februar	400 €	30 €	~ 13,3
März	400 €	45 €	~ 8,9
April	400 €	60 €	~ 6,7
Mai	400 €	72 €	~ 5,6
Juni	400 €	64 €	~ 6,3
Juli	400 €	68 €	~ 5,9
August	400 €	74 €	~ 5,4
September	400 €	77 €	~ 5,2
Gesamt	*3.600 €*	*Ø ~ 62,20 €*	*~ 63*

In diesem tabellarischen Beispiel bespart eine Person einen ETF oder eine Aktie mit 400 € pro Monat über einen Zeitraum von 9 Monaten. Insgesamt kommt ein Investment in Höhe von 3.600 € zustande. Der durchschnittliche Preis pro Aktie – oder bei einem ETF pro Anteil – bewegte sich bei ca. 62,20 €. Die verschiedenen Preise sind den Kursschwankungen des Wertpapiers geschuldet. Wir merken, dass der Durchschnittspreis der Aktie geringer war als der Preis zu Beginn der Geldanlage. Grund dafür ist, dass die Aktie häufiger einen negativen Kursverlauf nahm, als sie davor hatte. Folglich ist die Anzahl der gekauften Anteile in jedem Monat anders gewesen. Denn wenn der Preis geringer ausfällt als im ersten oder einem anderen Vergleichsmonat, können zu demselben Sparbetrag mehr Anteile gekauft werden.

Vergleichen wir diesen Sachverhalt nun mit einem Anleger, der per Einmalzahlung nach denselben neun Monaten denselben Betrag in dieselben Wertpapiere investiert hat:

Monat	Sparbetrag	Preis pro Aktie / Anteil	Gekaufte Aktien / Anteile
Januar	3.600 €	70 €	~ 5,7
Gesamt	*3.600 €*	*Ø 70 €*	*~ 51,3*

Wir sehen die große Überraschung in der Menge der am Ende des Anlagehorizonts im September gekauften Aktien. Der Anleger mit der Einmalzahlung hat ungefähr 11,7 Aktien bzw. Anteile weniger gekauft als der monatliche Sparer. Dies wirkt sich, den Kurs im September von 77 € zugrunde legend, wie folgt auf die Vermögensverhältnisse beider Anleger aus:

- Der Anleger mit monatlichen Sparbeträgen hat ein Vermögen von 63 Aktien / Anteilen x deren Kurswert in Höhe von 77 € = 4.851 €.
- Der Anleger mit der Einmalzahlung hat ein Vermögen von 51,3 Aktien / Anteilen x deren Kurswert in Höhe von 77 € = 3.950,10 €.
- Es ergibt sich also durch den Durchschnittskosteneffekt ein um 900,90 € höheres Vermögen im Wertpapierbestand beim Anleger mit monatlichen Sparbeträgen.

Dieses Beispiel ist keineswegs unrealistisch. Es wird zwar kein ETF solche Sprünge im Wertverlauf machen, aber die ein oder andere Small-Cap-Aktie oder Aktie eines Wachstumsunternehmens in schweren Zeiten wird solche Kursschwankungen durchaus aufweisen. Somit ist auch ein Durchschnittskosteneffekt in dieser Höhe nicht unwahrscheinlich.

Regelmäßig sparen für ein Maximum an Vorteilen

Wer regelmäßig spart – das muss nicht monatlich sein, aber es bietet sich an, dies monatlich zu tun –, profitiert unter Umständen vom Durchschnittskosteneffekt. Gewiss kann sich dieser auch im Negativen zeigen, indem durch die Schwankungen ein Wertpapier zwischendurch immer dann gekauft wird, wenn es teurer ist. Dementsprechend ist es vorteilhaft, sich bei den regelmäßigen Zahlungen den Freiraum zu lassen und immer wieder zu prüfen, ob der Cost-Average-Effect gerade für oder gegen einen arbeitet. Dies können Sie beispielsweise so praktizieren, indem Sie jeden Monat einen Zwischenbericht erstellen, in dem Sie die Performance des Durchschnittskosteneffekts festhalten. Schlussendlich aber ist bei langfristig steigenden Kursverläufen auch ein negativer Durchschnittskosteneffekt kein schlimmes Zeichen, da dennoch eine ordentliche Rendite zustande kommt. In der Praxis arbeitet der Durchschnittskosteneffekt jedoch meistens für Sie.

Das regelmäßige Sparen bringt Ihnen das Maximum an Vorteilen und schließt höhere Einmalzahlungen zwischendurch nicht aus. Wenn Sie beispielsweise in Krisenphasen wie der Corona-Krise merken, dass die Kurse gerade so gering stehen, dass es sich lohnt, einmal eine hohe Menge an Geld einzuzahlen und zu Schnäppchenpreisen eine Masse an Anteilen aufzukaufen, dann sind ergänzende Einmalzahlungen ein guter Rendite-Booster.

121

Aber nur auf Einmalzahlungen zu bauen, ist gefährlich. Stellen Sie sich vor, Sie würden diese Strategie verfolgen und hätten vor einem Crash eine hohe Menge an Geld investiert: Dann hätten Sie in Zeiten des Crashs keine oder limitierte Ressourcen, um die Tiefstpreise auf dem Markt durch ein umfangreiches Investment auszunutzen. Sie müssten warten, bis sich wieder viel Kapital angesammelt hat. Bei monatlichen Zahlungen hingegen nutzen Sie jede Krise ebenso wie jeden Wirtschaftsboom gleichermaßen aus. Wenn Sie klug sind, dann sparen Sie parallel zusätzlich höhere Geldbeträge an, um in Krisenzeiten per Einmalzahlung einen hohen Betrag nachzuschieben und die Krise für hohe Renditen in der Erholungsphase auszunutzen.

Das Wichtigste auf einen Blick!

❖ Teil einer idealen Anlagestrategie ist es, monatlich in die bevorzugten ETFs und eventuell anderen Wertpapiere zu investieren.

❖ Monatliche Zahlbeträge halten das Risiko in einem moderaten Rahmen und bringen den potenziell großen Vorteil des Durchschnittskosteneffekts mit sich.

❖ Monatliche Investments sind zudem bereits bei kleinen Beträgen sinnvoll, sodass sie eine für jede Person geeignete Anlagestrategie darstellen. Es sollte hierbei darauf geachtet werden, dass die Depotgebühren in Relation zu den investieren Beträgen maximal bei ein bis zwei Prozent liegen.

❖ Neben dem monatlich investierten Geld sollte zusätzlich Geld gespart werden, um Ressourcen für hohe Einmalzahlungen zusammenzutragen. Neben den monatlichen Zahlungen zwischendurch einen hohen Betrag einfließen zu lassen, macht in Situationen oder Phasen Sinn, in denen die Anteile besonders günstig sind.

Die Diversifikation des Portfolios

In diesem Unterkapitel wird es wohl am spannendsten, da die grundlegenden Entscheidungen für die Bestückung des eigenen Portfolios getroffen werden. Dies umfasst die Auswahl der Indizes, die Ihre ETFs abbilden sollen und deren Gewichtung im Gesamtportfolio. Für eine rationale Diversifikation ist es ideal, zwischen drei ETF-Kategorien zu unterscheiden: Zwischen einer umfassenden Basis, einer Beimischung und dem geringeren Risiko-Anteil.

Basis

Die Basis im Portfolio macht idealerweise 50 bis 60 % der gesamten ETF-Anteile aus. Um nicht zu hohe Erwartungen bei Ihnen zu wecken, sei an dieser Stelle erwähnt, dass hier größtenteils ETFs auf die Indizes gewählt werden, die bereits mehrfach Anklang im Ratgeber gefunden haben. Es handelt sich um Standard-Indizes, die Wirtschaftsräume abbilden. Dabei gilt: Je breiter die Streuung, desto besser ist es für Ihre Geldanlage.

MSCI World
Kein Wunder ist es, dass sich der MSCI World als Basis für ETFs einen Namen gemacht hat. Diverse Versicherungsgesellschaften setzen bei ihren fonds- bzw. ETF-basierten Altersvorsorgen fast immer auf einen Anteil von 40 bis 60 % aus dem MSCI World. Wir blicken auf die Rendite in den letzten fünf Jahren, also vom März 2015 bis März 2020.[58] Diese beläuft sich beim ETF des Anbieters iShares auf 35,5 %. Eine solide Basis, dürfte man behaupten…

---

[58] https://www.justetf.com/de/etf-profile.html?isin=IE00B4L5Y983&tab=chart&h=2&query=IE00B4L5Y983&groupField=index&from=search

MSCI ACWI

Was ist aber, wenn Ihnen die Streuung auf lediglich 23 Industrieländer nicht genügt, um global zu diversifizieren und Sie als Basis einen globalen ETF möchten, der noch weiter streut? In diesem Fall erinnern Sie sich womöglich noch an den MSCI ACWI (All Countries World Index). Dieser enthält auch die Aktien aus Schwellenländern. Er eignet sich ebenso für eine Basis im Portfolio. Es erfolgt ein Vergleich mit der Rendite des MSCI-World-ETFs, wobei erneut ein Produkt von iShares über den Zeitraum März 2015 bis März 2020 betrachtet wird.[59] Das Ergebnis ist 21,48 %.

Interessant dürfte an dieser Stelle sein, dass die Indizes hinsichtlich ihrer Rendite weniger voneinander abweichen, sofern die Zeit vor Corona betrachtet wird. Wir merken dennoch, dass die Schwellenländer den MSCI ACWI auszubremsen scheinen. Nicht ohne Grund ist der MSCI ACWI selten die Basis von ETF-Portfolios.

MSCI Europe

Beim MSCI World und dem MSCI ACWI wird von einigen Anlegern der hohe Anteil an US-Unternehmen moniert. Betrachtet man die wirtschaftliche Entwicklung der USA im vergangenen Jahr – 2019 ist gemeint –, so lässt sich diese Kritik nicht nachvollziehen, da in den USA in den drei nationalen Indizes Dow Jones, S&P500 und Nasdaq beachtliche Renditen das Ergebnis waren. Aber ein wirtschaftlich orientierter Trump wird nicht immer der Präsident der USA bleiben, und sein Management gesundheitlicher oder gesellschaftlicher Krisen hat das Potenzial, alle wirtschaftlichen Erträge der USA gegen die Wand zu fahren. Bei einem entsprechenden Gedankengang ist es nur allzu nachvollziehbar

---

[59] https://www.justetf.com/de/etf-profile.html?isin= IE00B6R52259&tab=chart&h=2&query=IE00B6R52259&group Field=index&from=search

und vonseiten der Anleger verständlich, wenn den ETFs auf den MSCI World oder MSCI ACWI ein ETF auf den MSCI Europe beigemischt wird. Ein Blick auf die Entwicklung eines iShares-ETFs auf den MSCI Europe zwischen März 2015 und März 2020[60] zeigt ernüchternde -9,54 % als Resultat. Nur für den Hinterkopf: Vor Corona hätte es anders ausgesehen, wenngleich nicht so renditestark wie im MSCI World oder MSCI World ACWI. Dies führt uns zu einer weiteren Überlegung...

S&P500

Wenn die US-Wirtschaft tatsächlich so stark ist, wieso sollte deren Anteil im ETF-Portfolio dann nicht nochmals erhöht werden? Wird zusätzlich zum MSCI-World-ETF, der die Basis bildet, noch ein ETF auf den S&P500-Index aus den USA gewählt, dann doppeln sich Anteile an Unternehmen (z. B. Amazon, Alphabet, Berkshire Hathaway) zwar, aber aufgrund der starken Performance der US-Wirtschaft kann das doch der weiteren Basis des Portfolios nur gut tun, oder?

Diesmal nehmen wie die Kursentwicklung und Rendite eines ETFs von Vanguard auf den S&P500 unter die Lupe, der Zeitraum ist erneut März 2015 bis März 2020[61] Eine Rendite von 60,65 % spricht Bände – was für eine Wahnsinns-Strategie, verstärkt auf die US-Unternehmen zu setzen! Aber konnten Sie diesen Erfolg vorher wissen? Natürlich nicht, denn die Entwicklung des Marktes ist unberechenbar. Sie haben lediglich eine Theorie aufgestellt, mit der Sie Glück oder – weil es besser klingt – Recht hatten. Demgegenüber

---

[60] https://www.justetf.com/de/etf-profile.html?isin=IE00B1YZSC51&tab=chart&h=2&query=IE00B1YZSC51&groupField=index&from=search

[61] https://www.justetf.com/de/etf-profile.html?isin=IE00B3XXRP09&tab=chart&h=2&query=IE00B3XXRP09&groupField=index&from=search

stand soeben die Theorie, dem MSCI World als weitere Basis
den MSCI Europe zuzufügen, die durchaus logisch war, aber
fehlschlug. Hier merken Sie: Allein schon bei der Entscheidung, welche zwei ETFs Sie miteinander kombinieren, gibt
es einen spekulativen Charakter. Trotz der anfängerfreund-
lichen ETFs verliert die Geldanlage also nicht an Spannung.

DAX

Aber wer weiß? Vielleicht lag das Problem des MSCI Europe darin, dass dieser Index zu viele Aktien für einen Wirtschaftsraum wie Europa enthielt. Es wäre doch eine probate
Überlegung, sich in Europa auf einen Index zu fokussieren,
der einer besonders starken nationalen Wirtschaft angehört. Welcher Index könnte sich da besser eignen als der
heimische DAX? Und zu welchen Unternehmen hören Sie
in den Nachrichten mehr als zu denen aus dem DAX: einer
Wirtschaft, über die Sie permanent auf dem Laufenden sind?
Wenn Sie die Nachrichten zum DAX nur halbwegs verfolgt
haben, dann wissen Sie, dass dieser zwischenzeitlich im
letzten Jahr, 2019, eine beachtliche Entwicklung vollzogen
hatte. Auch davor galt für die deutsche Wirtschaft: Absolut
konsolidiert!

Es wird erneut auf ein Produkt des Anbieters iShares vertraut und die Entwicklung dieses DAX-ETFs von März 2015
bis März 2020 betrachtet.[62] Eine Rendite von -31,58 % hin-
terlässt einen erstaunlich schwachen Eindruck. Erneut war
vor der Corona-Krise vieles anders. So hätte vom März 2015
bis Mitte Februar 2020 dieser DAX-ETF noch eine Rendite
von +31,83 % erwirtschaftet.[63]

---

[62] https://www.justetf.com/de/etf-profile.html?isin=
DE0005933931&tab=chart&h=2&query=DE0005933931&group
Field=index&from=search
[63] wie vorherige

Langsam dämmert der Verdacht, dass die einzige große Wirtschaft, die sich nach dem Corona-Debakel solide gezeigt hat, die US-Wirtschaft ist. Doch es ist nur eine Momentaufnahme aus dem Zeitpunkt Ende März 2020. Sie werden dieses Buch wahrscheinlich einige Monate oder Jahre später lesen und mehr wissen. Wird Trumps Strategie im Umgang mit Corona Erfolg haben oder werden die steigenden Zahlen an Infizierten und Toten urplötzlich die US-Wirtschaft zu einem historischen Einbruch bringen? Ein Investment in die deutsche Wirtschaft scheint angesichts der politischen Führung beständig, auch wenn sich Krisen kurzfristig stärker bemerkbar machen. Nach den Krisen geht es wieder bergauf.

Weitere Indizes für Basis-ETFs:
Wir nehmen in der nachstehenden Tabelle die Renditen der ETFs von Lyxor auf einige nationale Indizes in Augenschein. Dabei ist erneut der Zeitraum März 2015 bis März 2020 ausschlaggebend:

Staat	Index	Rendite
Hongkong	Hang Seng	18,5 %
Frankreich	CAC 40	13,03 %
Kanada	MSCI Canada	-20,96 %
Südkorea	MSCI Korea	-14,14 %
Australien	S&P ASX 200	-32,43 %

Quelle: justetf.com[64]

Ein Blick auf die Renditen einzelner ETFs auf nationale Indizes zeigt, dass in Krisenzeiten wie zur Corona-Zeit nicht auf positive Wertentwicklungen einzelner nationaler Indizes, die normalerweise stark performen (siehe Südkorea,

---

[64] https://www.justetf.com/de/

Kanada), vertraut werden kann, auch wenn es sich hierbei um Indizes aus Industrieländern handelt. Sogar Deutschlands DAX verzeichnete einen deutlichen Absturz. In ETFs wird daher mit langfristigem Anlagehorizont investiert. Und wenn wir einen zehnjährigen oder noch längeren Zeitraum in der Betrachtung der Renditen wählen, sieht die Sache bedeutend anders aus.

Die ideale Strategie:
Im Rahmen einer idealen Strategie für Anfänger repräsentiert der MSCI World den Großteil der Basis im Wertpapierportfolio. Ein Anteil von 30 % in einer insgesamt 50-prozentigen Basis dürfte angemessen sein. Als zweiter Basis-Bestandteil wird ein ETF auf eine nationale Wirtschaft gewählt oder ein ETF auf den MSCI Europe. An dieser Stelle müssen Sie selbst die Antworten auf die entscheidenden Fragen finden:

- Vertrauen Sie der US-Wirtschaft sowohl in Blüte- als auch Krisenzeiten? Dann investieren Sie bestenfalls in einen ETF auf den breit gestreuten Index S&P500. Die Beteiligung an der Entwicklung der größten Konzerne der Welt ist Ihnen damit sicher.
- Suchen Sie nach Sicherheit und möchten dem Markt nahestehen, in den Sie investieren? Dann wählen Sie einen ETF auf den DAX. In Krisenzeiten reagiert die Wirtschaft hierzulande zwar stärker. Dies geschieht aber nur, weil hier umfassende Schutzmaßnahmen ergriffen werden. Nach der Krisenzeit setzt sich die gute Entwicklung weiter fort.
- Möchten Sie zusätzlich in einen größeren Wirtschaftsraum investieren? Dann empfiehlt sich ein Investment in die stark wachsende chinesische Wirtschaft, die durch einen ETF auf den Hang-Seng-Index gut repräsentiert wird, oder in einen ETF auf den

MSCI Europe, der den europäischen Wirtschaftsraum breit diversifiziert nachbildet.

In mehr als zwei Indizes sollte in der Basis nicht investiert werden. Sie müssen bedenken, dass für den Kauf der Anteile eines jeden ETFs separate Ordergebühren anfallen. Auch wenn sich diese bei ETFs meistens in Grenzen halten, müssen Sie gegenrechnen, ob es nicht doch besser ist, nur in den MSCI World als Basis zu investieren. Mehr dazu in 6.2.4.

Zunächst gilt, dass Sie im Idealfall einen MSCI-World-ETF zu 30 % Teil Ihres Portfolios werden lassen und weitere 20 % Ihres investierten Betrags in einen weiteren ETF investieren. Abschließend die Gesamtrenditen dreier verschiedener Basiskombinationen für das ETF-Portfolio betrachtet:

Rendite der Basis 1 (30 % Anteil am Portfolio)	Rendite der Basis 2 (20 % Anteil am Portfolio)	Gesamtrendite
MSCI World: 35,5 %	MSCI Europe: -9,54 %	17,484 %
MSCI World: 35,5 %	S&P500: 60,65 %	45,56 %
MSCI World: 35,5 %	DAX: -31,58 %	8,668 %

Beimischung

Nachdem wir uns mit der Basis eines Portfolios beschäftigt haben, kommen wir nun zur Beimischung, die in Abhängigkeit von der Basis zu ermitteln ist. Es stellen sich diesbezüglich hauptsächlich zwei Fragen:

1. Wie hoch ist der Anteil der Basis am Portfolio?
2. Wie stark diversifiziert ist die Basis?

Gemäß der Annahme, dass die Basis einen 50-prozentigen Anteil an Ihrem ETF-Portfolio hat, liegt der Anteil der

Beimischung bei 30 oder 40 %. Sollte der Anteil der Basis im Portfolio bei 60 % liegen, dann ist die Beimischung immer mit 30 % anzusetzen. Schlussendlich muss für das Risiko immer ein geringerer Anteil als bei der Beimischung verbleiben, da das Ziel ein geringes Maß an Risiko ist.

Nachdem die erste Frage geklärt ist, widmen wir uns der zweiten Frage: Investieren Sie zu 50 oder 60 % nur in den MSCI World, dann hat Ihre Basis ein minimales Maß an Diversifikation. In diesem Fall ist die Beimischung einfach. Sie wählen dann zur Beimischung einen ETF, den Sie normalerweise als zweite Basis wählen würden, also beispielsweise einen ETF auf den MSCI Europe, den S&P500 oder den DAX. Dieser macht den kompletten Anteil der Beimischung aus. In diesem Szenario verändert sich auch der Risikofaktor, aber dazu mehr in Abschnitt 6.2.3.

Wenn Sie bereits in der Basis auf die Kombination zweier ETFs miteinander setzen, dann kommen in die Beimischung andere ETFs, wobei wir uns nicht mehr mit den Standard-Indizes befassen, sondern strategisch konzeptionierte ETFs ins Portfolio aufnehmen. Wir sehen uns an dieser Stelle mit drei verschiedenen Strategien konfrontiert:

- **Growth-Strategie**

  Ein ETF, der einen Index mit Growth-Aktien nachbildet, enthält die Aktien von Wachstumsunternehmen. Da Growth-Aktien für Sie als Anfänger schwer zu analysieren sind, gibt es eine Reihe an ETF-Produkten, die verschiedene Growth-Indizes nachbilden.

  Gute Beispiele: iShares Euro Total Market Growth Large UCITS ETF, Deka STOXX Europe Strong Growth 20 UCITS ETF

- **Value-Strategie**

  Anhänger und „Fans" von Warren Buffett, dem Börsenguru aus den USA, verfolgen des Öfteren die Value-Strategie, die Buffett zu einem der reichsten Menschen des Planeten machte. Unternehmen, die unterbewertet sind, sind in entsprechenden Value-Indizes enthalten, sodass Sie auch hier keine Analysearbeiten vollziehen müssen.

  Gute Beispiele: Deka STOXX Europe Strong Value 20 UCITS ETF, UBS ETF (IE) MSCI USA Value UCITS ETF (USD) A-dis, Ossiam Shiller Barclays Cape US Sector Value TR UCITS ETF 1C (EUR)

- **Dividenden-Strategie**

  Es steht hier nicht das Investment in Unternehmensaktien im Vordergrund, die sich im Kursverlauf positiv entwickeln, stattdessen aber die konstante Ausschüttung von Dividenden. Diese sorgen für ein jährliches oder halbjährliches passives und direkt ausgezahltes oder reinvestiertes Einkommen. In diesem Zusammenhang ist das Kriterium der Dividenden-Aristokraten unter Anlegern bekannt, wofür spezielle ETFs aufgesetzt wurden.

  Gute Beispiele: SPDR S&P Global Dividend Aristocrats UCITS ETF, SPDR S&P Euro Dividend Aristocrats UCITS ETF (Dist), SPDR S&P Emerging Markets Dividend Aristocrats UCITS ETF (Dist)

Quelle: ETFs für Anfänger[65]

---

[65] Miller, D.: ETFs für Anfänger, S. 29ff.

Hintergrundwissen

Die Kriterien, um als Dividenden-Aristokrat zu gelten, sind je nach Wirtschaftsraum und ETF-Anbieter anders. Im US-amerikanischen Raum muss die Rendite über einen Zeitraum von 25 Jahren vom Unternehmen jährlich angehoben worden sein, um als Dividenden-Aristokrat zu gelten. In Europa wiederum genügen für eine Kategorisierung als Dividenden-Aristokrat zehn Jahre lang jährlich angehobene Dividenden und eine Mindest-Dividendenrendite in Höhe von 3 %.[66]

Wenn Sie sich für eine Beimischung in Ihrem Portfolio entscheiden, dann dürfen Sie aus den Strategien die bevorzugte wählen und sich einen ETF aussuchen. Die genannten Beispiele für ETFs dienen Ihnen als ein erster Anhaltspunkt, wobei beliebte Anbieter bei einer strategischen Ausrichtung von ETF-Produkten die Marken *Deka* und *SPDR* sind. Es ist wichtig, dass jeder ETF, den Sie zur Beimischung Ihres Portfolios wählen, keinen höheren Anteil als der Basis-ETF Ihres ETF-Portfolios hat. Ansonsten wäre die Basis keine Basis mehr. Allgemeinhin gelten folgende drei Szenarien:

- **Erstes Szenario**

  Bei einer Basis mit 60 % Anteil am ETF und einem 40-prozentigen oder höheren Anteil des Basis-ETFs -> Ein ETF zur Beimischung mit einem Anteil von 30 %.

---

[66] Cherry Finance: ETF Sparpläne für ein passives Einkommen, S. 280f.

Bei einer Basis mit 50 % Anteil am ETF-Portfolio und einem 30-prozentigen oder höheren Anteil des Basis-ETFs ergeben sich zwei Möglichkeiten:

- **Zweites Szenario**

  Beimischung hat einen Anteil von insgesamt 40 % am Portfolio: Zwei ETFs zur Beimischung mit einem Anteil von je 20 %; entweder mit derselben strategischen Ausrichtung oder mit zwei verschiedenen strategischen Ausrichtungen.

- **Drittes Szenario**

  Beimischung hat einen Anteil von insgesamt 30 % am Portfolio: Zwei ETFs zur Beimischung mit einem Anteil von je 15 %.

Gehen wir die drei Szenarien mit Beispielen für ETFs und deren Performances jeweils im Zeitraum März 2015 bis März 2020 durch, wobei wir die Basis mit einbeziehen:

Erstes Szenario:

Basis (60 % des Portfolios)	Beimischung (30 % des Portfolios)
MSCI World (40 % des Portfolios): 35,5 %	Deka STOXX Europe Strong Value 20 UCITS ETF (30 % des Portfolios): -28,1 %
DAX (20 % des Portfolios): -31,58 %	
Gesamtrendite (gemäß Portfolio-Anteil): 7,884 %	*Gesamtrendite (gemäß Portfolio-Anteil): -8,43 %*

Quelle: justetf.com[67]

---

[67] https://www.justetf.com/de/

In Bezug auf die Anteile von 60 % der Basis und 30 % der Beimischung am Portfolio ergibt sich eine Gesamtrendite von ungefähr -0,55 % zzgl. der verbleibenden und anzurechnenden Rendite aus dem Risiko-Anteil. Wir haben hier die Strategie verfolgt, den dominanten MSCI World, der soweit gut performte, mit dem DAX in der Basis und den Value-Unternehmen in der Beimischung zu kombinieren. Also auch in dieser Variante ging die Kombination des MSCI World mit dem europäischen Wirtschaftsraum nicht ertragreich auf.

Zweites Szenario:

Basis (50 % des Portfolios)	Beimischung (40 % des Portfolios)
MSCI World (30 % des Portfolios): 35,5 %	iShares Euro Total Market Growth Large UCITS ETF (20 % des Portfolios): 4,1 %
MSCI Europe (20 % des Portfolios): -9,54 %	Deka STOXX Europe Strong Growth 20 UCITS ETF (20 % des Portfolios): 60,66 %
Gesamtrendite (gemäß Portfolio-Anteil): 17,484 %	*Gesamtrendite (gemäß Portfolio-Anteil: 12,95 %*

Quelle: justetf.com[68]

Es ergibt sich insgesamt eine Rendite in Höhe von 30,434 %, die auf 90 % des Portfolios zurückzuführen ist. Wie ersichtlich ist, sind die Growth-Unternehmen in den Indizes tatsächlich gewachsen, wobei insbesondere der *Deka STOXX Europe Strong Growth 20 UCITS ETF* eine beachtliche Performance hingelegt hat.

---

[68] https://www.justetf.com/de/

> ## Tipp!
>
> Auch wenn gilt, dass ETF-Hopping vermieden werden sollte, ist bei solch deutlichen Performance-Unterschieden wie in den beiden ETFs zur Beimischung angeraten, in den besser performenden ETF den Großteil des angelegten Geldes zu investieren. Dann dürfen die Anteile dieses ETFs sogar höher sein als die des MSCI World, der eigentlich die Basis bilden sollte. Eine solch gute Performance stellt alles andere in den Schatten. Zeichnet sie sich vorzeitig ab, dann darf – oder soll – die Strategie teilweise modifiziert werden.

Drittes Szenario:

Basis (50 % des Portfolios)	Beimischung (30 % des Portfolios)
MSCI World (30 % des Portfolios): 35,5 %	SPDR S&P Euro Dividend Aristocrats UCITS ETF (Dist) (15 % des Portfolios): -11,54 %
MSCI Europe (20 % des Portfolios): -9,54 %	SPDR S&P Global Dividend Aristocrats UCITS ETF (15 % des Portfolios): -17,58 %
Gesamtrendite (gemäß Portfolio-Anteil): 17,484 %	*Gesamtrendite (gemäß Portfolio-Anteil: -4,368 %*

Quelle: justetf.com[69]

Wir haben lediglich den Kursverlauf der Dividenden-ETFs betrachtet, allerdings nicht die Dividendenrenditen,

---

[69] https://www.justetf.com/de/

die noch interessanter gewesen wären. Aufgrund des geringen Anteils am ETF-Portfolio senken die negativen Renditen der Dividenden-ETFs die Erträge der Basis-ETFs nicht signifikant. Die insgesamt 80 % des Portfolios haben insgesamt eine Rendite von 13,116 %, gemäß Ihrem Anteil am Portfolio, zur Folge.

Die ideale Strategie:
Wie Sie merken, wird es nun durch das Einbeziehen weiterer ETFs ins Portfolio komplexer. Die drei genannten Szenarien sind nur ein Auszug an Möglichkeiten. Fühlen Sie sich frei, sich selbst zu informieren und selbst zu variieren. Es ist auch kein Muss, strategisch ausgerichtete ETFs für das eigene Portfolio als Beimischung auszuwählen. Es handelt sich lediglich um eine von vielen Möglichkeiten. Grundsätzlich dürfen Sie sich an dem orientieren, was anfangs in diesem Unterkapitel genannt wurde:

- Je breiter diversifiziert Ihre Basis ist, umso mehr ist es ratsam, sich strategisch orientierte ETFs als Beimischung zu suchen. Dann sind 30 bis 40 % Growth- oder Dividenden-ETFs eine optimale Entscheidung.
- Je weniger diversifiziert Ihre Basis ist, weil beispielsweise zu 50 % nur ein MSCI-World-ETF bespart wird, umso sinnvoller ist es, als Beimischung keine strategisch orientierten ETFs zu wählen, sondern nationale Indizes auszusuchen. So wäre ein Konstrukt aus 50 % MSCI-World-ETF und 30 % DAX- oder Hang-Seng-ETF in Ihrem Portfolio eine denkbar einfache Lösung.

Risiko-Anteil

Es verbleibt der Risiko-Anteil. Im Risiko-Anteil geht es nicht darum, sich ETFs auszusuchen, die möglichst schlecht performt haben. Viel eher handelt es sich um Geldanlagen in ETFs, die Schwankungen oder vorab definierte

Unsicherheiten aufweisen, aber auf einen langfristigen Anlagehorizont Gewinne erzielen. Zudem ist es ein positives Zeichen, wenn die jeweiligen ETFs Phasen haben, in denen besonders hohe Wertentwicklungen verzeichnet werden. In den Phasen mit hohen Wertentwicklungen eignen sich die risikoreicheren ETFs zur Anlagestrategie Rebalancing (siehe 6.3). Ehe wir uns einige geeignete ETF-Produkte mit kleinem Risiko-Faktor ansehen, nehmen wir den Risiko-Anteil an sich genauer unter die Lupe. Die folgenden Regeln im Portfolio sind zu beachten:

- Der Risiko-Anteil macht maximal 20 % des Portfolios aus. Liegt der Anteil der Basis und Beimischung bei 90 % des Portfolios, so ist der Risiko-Anteil auf 10 % limitiert.
- Es wird nur in ein ETF-Produkt investiert! Aufgrund des geringen Anteils am Portfolio und der eventuell bereits vorhandenen bis zu vier verschiedenen ETFs wird maximal in einen weiteren, minimal riskanten, ETF investiert.
- Wurde bei der Beimischung nicht in strategisch orientierte ETFs investiert, weil die Basis nicht breit genug diversifiziert war, so darf der Risiko-Anteil entfallen und stattdessen das Portfolio zu 20 % oder 10 % mit strategisch ausgerichteten Growth-, Value- oder Dividenden-ETFs bestückt werden.

Nachdem diese grundlegenden Aspekte geklärt wurden, verbleibt nur noch ein Blick auf die ETFs, die sich unter dem „Risiko-Anteil" verbuchen lassen.

Ein geeignetes Beispiel, weil häufig in den ETF-Portfolios von Anlegern als kleiner Posten enthalten, ist ein ETF auf den MSCI Emerging Markets. Es handelt sich dabei um den Schwellenländer-Index. Ein entsprechendes Produkt des

Anbieters iShares hatte folgenden Kursverlauf in seiner bisherigen Historie (Stand: März 2020):

Chart des iShares Core MSCI Emerging Markets IMI UCITS ETF (Acc)

Quelle: justetf.com[70]

Als gewissermaßen riskant bezeichnen einige Anleger die ETFs auf den MSCI Emerging Markets, weil die darin enthaltenen Unternehmen aus Staaten stammen, die wirtschaftlich weniger konsolidiert sind. Außerdem fallen die Kursschwankungen beim MSCI Emerging Markets höher aus als bei einigen der Standard-Indizes aus den Industrienationen. Bei einem Großteil der Anleger werden ETFs auf den MSCI Emerging Markets allerdings nicht als riskantes Investment eingestuft, sondern einfach als volatil genug, um den geringen Risiko-Anteil des eigenen ETF-Portfolios auszumachen. Wir stellen fest, dass im Zeitraum von März 2015 bis März 2020 die Rendite des ETFs sogar positiv war. Beim genauen Herauslesen aus dem Chart lag sie bei knapp 13,52 %, weswegen das Investment ein lohnendes Risiko darstellt. Wäre nicht Corona gewesen, hätte die Rendite zum heutigen Zeitpunkt mutmaßlich bei über 40 % in fünf Jahren gelegen. Ferner sind weitere MSCI-Index-ETFs als riskant in diesem Sinne einzustufen, die einen stark eingeschränkten

---

[70] https://www.justetf.com/de/etf-profile.html?isin= IE00BKM4GZ66&tab=chart&h=2&query=IE00BKM4GZ66&group Field=index&from=search

regionalen Bezug aufweisen. Dazu zählen MSCI Pacific, MSCI North America u. ä.

Was zudem als riskant eingestuft werden kann, sind ETCs und ETFs, die Indizes mit Futures auf Rohstoffe nachbilden. Ein solcher Index ist beispielsweise der *iShares Diversified Commodity Swap UCITS ETF (DE)*, der Futures auf Rohstoffe aus den Bereichen Energie, Edelmetalle, Industriemetalle, Lebendvieh und Agrarrohstoffe umfasst.[71] Dieser hat einen beispielhaften Abstieg seit der Finanzkrise 2017 vollzogen und illustriert, was Risiko bei Swaps bedeuten kann. Viel interessanter dürfte da der ETC *Xtrackers Physical Gold ETC (EUR)* auf den Goldpreis mit der folgenden Entwicklung sein:

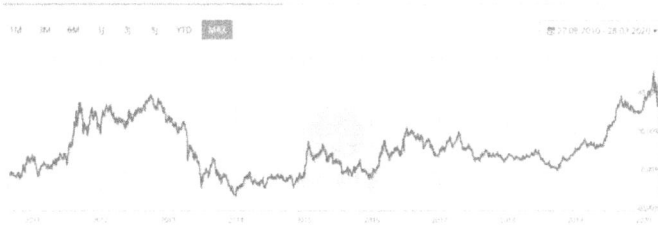

Chart des Xtrackers Physical Gold ETC (EUR)

Quelle: justetf.com[72]

Hier sehen wir die typischen hohen Schwankungen bei einem risikoreicheren Investment, und gleichermaßen die typisch hohe Rendite, die seit März 2015 bis März 2020 bei sage und schreibe über 35 % liegt. Das ist nun einmal der Vorteil von Gold: Es steigt in Zeiten, in denen die Börse kriselt, tendenziell immer an Wert. Danach fällt es zwar

---

[71] https://www.justetf.com/de/etf-profile.html?isin= DE000A0H0728
[72] https://www.justetf.com/de/etf-profile.html?isin= DE000A1E0HR8&tab=chart

minimal, aber der insgesamt positiven Entwicklung tut dies keinen Abbruch.

Gehen wir von dem Fall aus, dass wir in unserem Portfolio eine Strategie verfolgt haben, im Rahmen derer wir als Risiko-Anteil einen ETC auf den Goldpreis beigemischt hätten, so könnte das Endergebnis eindrucksvoll stark wie folgt ausfallen:

Basis (60 % des Portfolios)	Beimischung (30 % des Portfolios)	Risiko-Anteil (10 % des Portfolios)
MSCI World (40 % des Portfolios): 35,5 %	iShares Euro Total Market Growth Large UCITS ETF: 4,1 %	Xtrackers Physical Gold ETC (EUR): 37,21 %
S&P500 (20 % des Portfolios): 60,65 %		
Gesamtrendite (gemäß Portfolio-Anteil): 26,33 %	*Gesamtrendite (gemäß Portfolio-Anteil): 1,23 %*	*Gesamtrendite (gemäß Portfolio-Anteil): 3,72 %*

In dieser ETF-Konstellation wäre in vier ETFs investiert worden. Die Rendite für den kompletten investierten Sparbetrag hätte sich auf knapp 31,28 % belaufen. Solch ein Sparplan ist durchaus lukrativ. Und von dieser Rendite ist der kurze sowie im Hinblick auf die Rendite suboptimale Zeitraum zwischen März 2015 und März 2020 betroffen.

Einfluss der Höhe der Geldbeträge

Die Höhe der investierten Geldbeträge nimmt einen Einfluss darauf, welche Strategie sich besser durchsetzen lässt und welche nicht oder nur schlecht umsetzbar ist. Beginnen wir zunächst, weil es einfacher ist, beim Gold-ETC: Möchten Sie einen Gold-ETC zu 10 % am Portfolio beteiligen, dann kommen Sie an einer monatlichen Sparrate von mindestens 500 Euro kaum vorbei, da ansonsten die ETC-Anbieter nicht mitmachen. Sind Sie zu einer solchen Sparrate nicht bereit, dann besteht die Option, neben den monatlichen Beträgen zur Investition Geld für eine hohe Einmalzahlung zu sparen. Diese Einmalzahlung kann dann in einen Gold-ETC einfließen.

Ansonsten gilt zur Umsetzung der Strategien:

- Bei Monatsinvestitionen in Höhe von mindestens 300 € dürfen Sie in bis zu fünf ETFs in Ihrem Portfolio investieren, solange die Gebühren pro ETF-Trade nicht zu hoch ausfallen. Die Gebühren müssen Sie bei Ihrer Depotbank sowie Brokerage einsehen und mit der Höhe der zu erwartenden Renditen abgleichen.
- Bei Monatsinvestitionen in Höhe von 100 bis 250 €sind drei ETFs bzw. – bei über 200 € – vier ETFs das Maximum.
- Sollten die Monatsinvestitionen geringer sein als 100 €, sind zwei ETFs das Maximum.

So viel zu den Beträgen. Je geringer Ihr Monatsbetrag und je geringer die Anzahl an verschiedenen ETFs, umso weniger diversifiziert sollte Ihr Portfolio sein. Betrachten wir drei Beispiel-Sparpläne für drei verschiedene Budgets .

Sparbetrag 50 € monatlich:
Angesichts der geringen Monatsbeträge ist maximal ein Trade empfohlen. ETFs auf den MSCI World sind ideal, ansonsten eigenen sich ETFs auf die wichtigsten Indizes der USA und der Industriestaaten Europas. Auch ein Investment in den MSCI Europe ist möglich. Wichtig: 100 % der Beträge in einen ETF!

Sparbetrag 150 € monatlich:

141

60 % Anteil eines MSCI-World-ETFs, 30 % Anteil eines DAX-ETFs und 10 % Anteil eines MSCI-Emerging-Markets-ETFs. Der MSCI-Emerging-Markets-ETF bringt den kleinen Risikofaktor ein und der DAX-ETF gleicht das US-amerikanische Übergewicht aus dem MSCI-World-ETF ein Stück weit aus. Durch den nationalen Bezug in Form des DAX-ETFs ist ein Investment aus Überzeugung wahrscheinlich, was das Anlageverhalten und die Disziplin fördert.

Sparbetrag 300 € monatlich:
40 % Anteil eines MSCI-World-ETFs, 10 % Anteil eines MSCI-Europe-ETFs, 30 % Anteil eines Europe-Growth-ETFs und 20 % Anteil eines Gold-ETCs. Dies ist die Variante für risikofreudigere Anleger, bei der das Risiko neben dem Gold-ETC minimal durch die Growth-ETFs, die tendenziell volatiler sind als Value- oder Dividenden-ETFs, beigesteuert wird.

> ## Tipp!
>
> Bei justetf.com finden Sie einen Strategie-Planer[73], der Ihnen einen Sparplan auf Basis Ihrer Antworten erstellt. Diesen Sparplan können Sie direkt nutzen oder als Inspiration für die eigene Diversifikation Ihres Portfolios, wie Sie sie in diesem Unterkapitel kennengelernt haben, anwenden.

---

[73] https://www.justetf.com/de/etf-strategy-builder.html

Rebalancing: Anteile verkaufen und neu kaufen

Das Rebalancing ist ein strategischer Mechanismus, der dazu dient, Vermögensverhältnisse im Portfolio wiederherzustellen. Gehen wir zur Erklärung von einem Portfolio aus, das mit drei verschiedenen ETFs ausgestattet ist. Sie investieren dabei 300 €. Die Verteilung der 300€ auf die verschiedenen Anlageprodukte sieht wie folgt aus:

- MSCI-World-ETF: 150 €
- ETF mit Growth-Unternehmen: 90 €
- MSCI-Emerging-Markets-ETF: 60 €

Anmerkung: Es ist bewusst, dass an dieser Stelle der Aufbau des ETF-Portfolios nicht zwingend den Empfehlungen aus 6.2 folgt, aber einerseits handelt es sich nur um ein vereinfachtes Beispiel, andererseits müssen auch Sie den Strategien nicht penibel folgen, sondern dürfen eigene Akzente setzen.

Weiter im Beispiel sollte klar sein, dass Sie zwar mit der Aufteilung MSCI-World-ETF 50 %, Growth-ETF 30 % und Emerging-Markets-ETF 20 % einkaufen, aber diese Aufteilung verändert sich mit dem Kursverlauf. Der Durchschnittskosteneffekt beschreibt dies äußerst treffend. Denn in Phasen, in denen die Anteile eines ETFs besonders günstig sind, kaufen Sie mehr davon. In den Phasen jedoch, in denen der ETF an Wert gewinnt, haben Sie nicht ausbalancierte Vermögensverhältnisse in Ihrem Portfolio. Um dies zu demonstrieren, gehen wir davon aus, dass über ein Jahr hinweg der MSCI-World-ETF und der ETF mit Growth-Unternehmen fast dieselbe Entwicklung genommen haben. Aber der MSCI-Emerging-Markets hat eine wahre Achterbahnfahrt erlebt:

143

Monat	Preis pro Anteil	Sparbetrag	Erworbene Anteile
Januar	12 €	60 €	5
Februar	14 €	60 €	~ 4,29
März	11,80 €	60 €	~ 5,08
April	9 €	60 €	~ 6,67
Mai	10 €	60 €	6
Juni	10,70 €	60 €	~ 5,61
Juli	12,20 €	60 €	~ 4,92
August	10,10 €	60 €	~ 5,94
September	8,80 €	60 €	~ 6,82
Oktober	9,50 €	60 €	~ 6,32
November	10,10 €	60 €	~ 5,94
Dezember	11,80 €	60 €	~ 5,08
Gesamt	*Ø ~10,83*	*720 €*	*~ 67,69*

Es wurden also 67,69 Anteile zu einem Durchschnittspreis von ungefähr 10,83 € pro Anteil gekauft. Wir nehmen im weiteren Verlauf an, dass Sie einmal jährlich, nämlich am Jahresanfang, die Anteile der ETFs am Portfolio überprüfen. Dabei fällt Ihnen auf, dass der MSCI-World-ETF Ende Dezember ebenso wie der ETF mit Growth-Unternehmen keine signifikanten Änderungen aufweist. Sie haben über das ganze Jahr pro Monat je drei Anteile des MSCI-World-ETFs zu einem Preis von 150 € und je sechs Anteile des Growth-ETFs monatlich zu einem Preis von 90 € kaufen können. Im MSCI-Emerging-Markets-ETF hat sich wiederum der Durchschnittskosteneffekt bemerkbar gemacht. Nicht nur, dass Sie mehr Anteile als anfangs pro Monat kaufen konnten – der ETF verzeichnet sogar Ende Januar pro Anteil einen gestiegenen Kurs von 12,80 €. Dementsprechend ergibt sich folgendes Bild in Ihrem Portfolio:

ETF	Anzahl Anteile	Wert pro Anteil	Gesamtwert der Anteile	Anteil am Portfolio
MSCI-World-ETF	36	50 €	1.800 €	48 %
Growth-ETF	72	15 €	1.080 €	29 %
MSCI-Emerging-Markets-ETF	67,69	12,80 €	866€	23 %

Wir sehen also, dass die angestrebten Verhältnisse im Portfolio aus dem Gleichgewicht geraten sind. Dies bedeutet per se nichts Schlimmes, hat Ihnen doch der MSCI-Emerging-Markets-ETF als einziger eine Rendite beschert. Aber da wir wissen, dass der Risiko-Anteil im eigenen Portfolio des Öfteren zu Schwankungen neigt, wäre jetzt ein geeigneter Zeitpunkt gekommen, um die drei überschüssigen Prozent im Portfolio in Form von Anteilen des ETFs zu verkaufen und in die anderen beiden ETFs zu reinvestieren oder aber als Ertrag zu behalten und für eine andere Geldanlage zu sparen.

Wie auch immer Sie es handhaben, es geht im Grunde genommen im Rebalancing darum, regelmäßig bei einem Ungleichgewicht der Vermögensverhältnisse zu verkaufen. Es lässt sich bei einer langfristigen Anlagestrategie allerdings nur beim Risiko-Anteil des Portfolios empfehlen. Dies bedeutet: Wenn der Risiko-Anteil höher oder niedriger als zu Beginn der Geldanlage liegt, dann sollte verkauft bzw. eingekauft werden. Der Vorteil des Verkaufs bei hohen Kursen besteht darin, dass verkauft wird, ehe ein Kursverlust kommt. Denn die häufigen Schwankungen risikoreicher Geldanlagen begünstigen einen erneuten Kursverfall. Wenn es zu diesem kommt, sollten die Anteile idealerweise zu einem hohen Preis verkauft und in die stabileren und langfristig ertragsstärkeren anderen ETFs – also die Basis und die Beimischung – reinvestiert werden. Sind die Kurse des risikoreichen Teils des Portfolios gering, so empfiehlt sich der Kauf, weil Sie am Tiefpunkt günstig eine Fülle an Anteilen erhalten, die später einen höheren Wert haben und teuer verkauft werden können.

Am Ende stehen also folgende Erkenntnisse:

- Das Rebalancing dient dazu, die Vermögensverhältnisse im Portfolio zwischen den einzelnen ETF-Anteilen auszubalancieren.
- Am häufigsten angewendet werden muss das Rebalancing in nahezu allen Fällen bei den risikoreicheren ETFs. Dort macht es wegen der Kursschwankungen auch am meisten Sinn.
- Das Rebalancing sollte nur durchgeführt werden, um mehr Anteile der Basis- und Beimischungs-ETFs anzukaufen, nicht aber, um diese zu verkaufen, wenn sie gerade viel wert sind. Denn die Basis- und Beimischungs-ETFs sind die, die Ihnen langfristig die höchste und solideste Rendite bei geringerer Volatilität bescheren werden.

Zusammenfassung

Im Idealfall wird ins ETF-Portfolio monatlich mit konstanten Beiträgen investiert. So lassen sich Effekte wie der Durchschnittskosteneffekt und strategische Züge wie das Rebalancing besser, weil auf lange Sicht häufiger und wirkungsvoller, anwenden. Unregelmäßige Einmalzahlungen sind natürlich auch erwünscht und sinnvoll. Aber nur mit unregelmäßigen Einmalzahlungen zu investieren, würde Sie mehrere Vorteile einbüßen lassen.

Wenn Sie ETF-Produkte auswählen, dann sollte das Portfolio möglichst breit diversifiziert sein. Bis zu fünf ETFs sind wünschenswert. Je geringer Ihre monatlichen Geldbeträge sind, die Sie anlegen, desto geringer sollte die Menge verschiedener ETFs im Portfolio sein. Auf lange Sicht kann mit einem einzigen ETF auf einen Standard-Index ebenfalls gut angelegt werden, sodass sogar bescheidene Sparer bei 30€ monatlich eine passende Strategie zur Geldanlage finden werden.

Die Basis eines ETF-Portfolios sollte entweder ein breit gestreuter ETF auf den MSCI World oder MSCI Europe sein, oder aber ein S&P500-ETF, wenn Sie der US-Wirtschaft langfristig Ihr Vertrauen schenken möchten. Durch eine Beimischung und einen minimalen Risiko-Anteil wird die Auswahl der ETFs fürs Portfolio komplettiert, wobei der Risiko-Anteil allem voran fürs Rebalancing des Portfolios und die Mitnahme hoher Zwischenrenditen sinnvoll ist.

147

Investieren in Krisenzeiten

Bisher haben Sie in diesem Buch mehrere hilfreiche Anleitungen, Strategien, Fachkenntnisse und sogar ein paar Ratschläge zur Zweifel- bzw. Angstbeseitigung bekommen, aber eine Sache verbleibt: Die Dynamiken des Marktes, die – wenn Sie erstmal eintreten – derart beeindruckend und erdrückend auf den Anleger wirken können, dass er sich entgegen jeder vorherigen Behauptung dazu entscheidet, in Krisenzeiten seine Anteile abzustoßen. Damit begeht der Anleger einen der größten Fehler, die überhaupt möglich sind. Denn in Krisenzeiten sollte investiert werden, unter Umständen sogar mehr als vorher. Wieso dem so ist und wie Sie in Krisenzeiten die Zuversicht mobilisieren, erklärt Ihnen dieses Kapitel.

Warum ist Investieren gerade in Krisenzeiten wichtig?

Das Investieren in Krisenzeiten ist deswegen wichtig, weil sich alles weiterbewegt und die eigenen Finanzen dies auch tun sollten. Denn in Krisenzeiten bleiben weder die Inflation noch die niedrigen Zinsen bei klassischen Sparprodukten aus. Dementsprechend gibt es kaum eine Alternative zur Geldanlage an der Börse. Allerdings gibt es einen Grund, der noch vielmehr zu einer Vermögensanlage in Wertpapiere animiert. Dazu gehört die Unsicherheit des Geldes auf dem Konto. Banken sichern das Vermögen ihrer Kunden bis zu einem bestimmten Grad ab, aber wenn es hart auf hart kommt und die Krise die jeweilige Bank stark trifft, dann kann es – bei einem Bankrott wird es sehr wahrscheinlich – zum Verlust des Geldes bei Kunden kommen.

Nun flüchteten sich zu Beginn der Corona-Krise zahlreiche Anleger in sichere Geldanlagen, zu denen u. a. Staatsanleihen aus Deutschland, Schweiz, Luxemburg und der Niederlande gehören. Damit nahmen die Anleger negative Zinsen und einen Verlust des Geldes in Kauf. Somit ist das Geld von den zugesicherten Zinsen her schlechter platziert als auf dem Sparbuch. Stellen Sie sich die Frage, was Sie lieber möchten:

Über einen längeren Zeitraum gesichert Minus fahren, oder in eine Geldanlage investieren, die zwischendurch ein Minus verzeichnet, aber nach der Krise höchstwahrscheinlich einen hohen Zuwachs verbuchen wird?

Normalerweise fällt die Entscheidung auf die letzte Option. In der Panik treffen Anleger falsche oder voreilige Entscheidungen, was sich auf deren Finanzen negativ auswirkt. Auf lange Sicht hat sich die Wirtschaft stets weiterentwickelt und Krisen getrotzt – diesen Satz haben Sie schon eingangs im Vorwort dieses Ratgebers lesen dürfen, und mit diesem Satz führt dieser Ratgeber die finalen Seiten zu Ende. Im Gegensatz zur kompletten Wirtschaft hat es bei den Einzelaktien des Öfteren anders ausgesehen, wie Ihnen das Beispiel der Deutschen Bank vorgeführt hat. Aus diesem Grund sind ETFs in Krisenzeiten und auch außerhalb, allem voran für Anfänger, die beste Basis eines Portfolios. Jede Person, die das verstanden und die Anteile gehalten hat, hat beste Chancen, aus der Krise als Gewinner hervorzugehen. Noch besser trifft es aller Voraussicht nach die Personen, die die durch die Krise verursachten Tiefpreise ausnutzen. Wurde zu dem Zeitpunkt, als die Kurse am tiefsten standen, per Einmalzahlung mehr Geld als sonst investiert, dann konnte eine weitaus höhere Menge an Anteilen eingekauft werden als vor der Corona-Krise. Dann trat der Durchschnittskosteneffekt ein. Das Merkmal der erfolgreichsten Anleger, die an der Börse zu Millionären oder sogar Milliardären geworden sind, ist nicht zwingend das Daytrading mit hoher Aktivität oder der spekulative Devisenhandel mit Hebeln, womit sich viele in der Öffentlichkeit brüsten. Die wahren Erfolgsmenschen unter den Anlegern sind die stillen und bescheidenen Personen, die ein langfristiges Konzept verfolgen und Krisen nicht nur überstehen, sondern – wegen zunehmender Investitionen in diesen Krisen – sogar wachsen. Bestes Beispiel dafür – so häufig sein Name auch genannt wird und so bekannt er mittlerweile sein muss – ist Warren Buffett. Die meisten Leser werden ihn und seine Strategien kennen. Falls nicht, so müssen Sie sich auf eigene Faust informieren. An dieser Stelle werden nur zwei passende Zitate von ihm eingebracht: *„Die meisten Leute interessieren sich dann für Aktien, wenn es alle anderen tun. Die Zeit, sich dafür zu interessieren ist, wenn es niemand anderer tut. Man kann nicht kaufen, was beliebt ist, und gut abschneiden."* Dieses Zitat signalisiert, dass immer dann, wenn viele Personen in Aktien investieren und der Markt beliebt ist, das gute Abschneiden erschwert bzw. unmöglich ist. Die Preise sind zu hoch und die Renditen zu wenig aussichtsreich. Aber dann, wenn sich niemand für Aktien interessiert, zu investieren, ist fast schon eine gesicherte Win-Situation: Sie erhalten unterbewertete Top-Unternehmen und Wachstumsunternehmen zu geringen Preisen. Das nächste Zitat von Warren Buffett gibt Mut für Krisenzeiten mit auf den Weg: *„Im 20. Jahrhundert erlebten die Vereinigten Staaten zwei Weltkriege und andere traumatische und teure militärische Konflikte, die Depression, ein Dutzend Rezessionen und Finanzpaniken, Ölschocks, eine Grippe-Epidemie und den Rücktritt eines beschämten Präsidenten. Doch der Dow stieg von 66 auf 11.497."*[74] Abgesehen von der Tatsache, dass sich diese Krisen ereigneten und der Dow Jones als Index dennoch beachtlich stieg, machte sich bei Anlegern immer dasselbe Verhalten bemerkbar: In der

---

[74] https://www.fool.de/2019/05/10/der-grosse-berkshire-hathaway-rueckkauf-ueber-den-niemand-spricht-2/

Krise kam es zu den von Buffett angesprochenen Finanzpaniken, die die unmittelbare Folge einer Verschlimmerung der Kursverläufe hatten. Profitiert haben aber nur diejenigen, die einen kühlen Kopf bewahrt haben.

Bei all den Aussagen der erfolgreichen und schwerreichen Anleger an der Börse drängt sich eine Erkenntnis auf: Die Krise mag zwar schlimm gewesen sein, aber was sie noch schlimmer gemacht hat, war das Verhalten der Anleger. Diese wurden panisch und es kam zu Ausverkäufen in Massen. Die Profis hat es gefreut. Im Grunde genommen hoffen professionelle Anleger nur darauf, dass es in Krisen zu Aktionismus und Panik kommt, denn entsprechendes Verhalten der Anleger bedeutet eine Zunahme des Profits für langfristige professionelle Anleger, die in Krisen günstig einkaufen möchten.

Wie Sie merken, sind Krisen nur kurzfristig zum Verlust, langfristig aber zum Gewinn gemacht. Wenn Sie dies begriffen haben, sind Sie der Professionalität im Geldanlegen als Anfänger bereits weitaus näher als eine Vielzahl selbsternannter Profis. Sie profitieren obendrein davon, dass Sie mit den ETFs auf einfache Weise ein breit diversifiziertes Portfolio aufbauen können, welches Sie mit 30 Euro monatlich besparen können. Mehr und eine gewisse Geduld, die auch Krisenzeiten umfasst, braucht es bei der Geldanlage nicht. Investitionen in Einzelaktien sind in Krisenzeiten hingegen komplizierter und erfordern weitaus mehr Auswahl- und Folgemanagement im Portfolio. Aber ETFs sind für Krisenzeiten mehr als nur geeignet.

Was tun, wenn die Krise beginnt, und bereits Geld angelegt ist?

Wenn die Kurse rasant in den Keller gehen und eine Menge Geld im ETF-Portfolio angelegt ist, ist es jedoch plötzlich eine ganz andere Sache, als sich theoretisch darüber zu unterhalten, dass es wichtig ist, auch in Krisenzeiten weiter zu investieren.

Sie sehen diese unglaublich große Summe an Geld, die Sie über einen längeren Zeitraum in den ETF eingezahlt haben und die sogar gewachsen ist. Sie blicken mit Stolz auf das Vermögen, das sich aufgrund steigender Kurse über einen längeren Zeitraum gebildet hat. Aber plötzlich kommt ein Crash, eine Krise oder speziell die Corona-Krise, und mit jedem Tag sehen Sie, wie Ihr Vermögen schmilzt und schmilzt. Eventuell haben Sie noch etwas Zeit, bis sich eine negative Rendite ergibt. Deswegen überlegen Sie, die Anteile schnell zu verkaufen, um noch einen Gewinn einzufahren. Es wäre doch andernfalls schade um das ganze Geld. Sie schlafen eine Nacht drüber, aber unruhig. Plötzlich fühlt sich das passiv aufgebaute Vermögen an, als wenn es hart erarbeitet worden wäre. Sie möchten nicht um die Früchte Ihrer Arbeit gebracht werden. Die Nachrichten im Fernsehen sind negativ, die Expertenmeinungen kryptisch und unverständlich. Angesichts dieser Umstände sind Sie total überfordert, aber die anderen Anleger verkaufen und verkaufen. Also verkaufen auch Sie. Es wurde schließlich Geld angelegt, das nicht verloren werden soll.

Sollten Sie bereits vor der Corona-Krise eine beträchtliche Menge Geld angelegt haben, können Sie das Szenario nachfühlen, das soeben beschrieben wurde. Eventuell werden Sie vor einer künftigen Krise hohe Investitionen getätigt haben und dann nachvollziehen können, wie intensiv sich eine Krise auf Ihre Psyche und die Sorgen um das eigene Vermögen auswirken kann. In der realen Situation ist alles plötzlich anders...

Aber glauben Sie im Ernst, dass die Regierungen Unternehmen wie Apple, Microsoft, Lufthansa, adidas und ähnliche Größen fallen lassen? Ganz im Gegenteil: Die Regierungen werden die größten Anstrengungen unternehmen, um dies zu verhindern! Nicht ohne Grund investieren Sie als Basis in die nationalen und internationalen Standardindizes und erst in der Beimischung in Wachstumsunternehmen, die etwas vakanter sind. Sie haben eine Strategie, bei der die einzig richtige Antwort ist, auch in Krisenzeiten die Investitionen fortzusetzen.

Es gibt jedoch zwei verschiedene Handlungsweisen, die sich in Krisen einschlagen lassen. Welche davon gewählt wird, hängt davon ab, ob Sie bereits Geld investiert haben oder gerade mit dem Geld anlegen anfangen.

Für beginnende Anleger:
Sie stellen Ihr Portfolio zusammen und investieren Ihre monatlichen Beträge – ganz genau so, wie es bisher beschrieben wurde. Versuchen Sie, zu Beginn der Krise höhere Beträge zu mobilisieren als in der Folgezeit, um möglichst viel der günstigen Wertpapiere aufzukaufen. Es macht Sinn, zunächst mehr in die Basis-, Value- und Dividenden-ETFs zu investieren, weil diese am krisensichersten sind und bei den Anlegern außerhalb von Krisen hohe Beliebtheitswerte genießen.

Für Anleger, die bereits Geldsummen im Portfolio geparkt haben:
Halten Sie das Geld, das Sie bereits investiert haben, und verkaufen Sie keine Anteile. Widerstehen Sie also mit aller Macht der Panikmache auf dem Finanzmarkt und an der Börse. Der einzige Grund, der einen Verkauf von Anteilen rechtfertigt, ist das Rebalancing. Sollte zu Beginn der Finanzkrise der Risiko-Anteil im Portfolio höher sein als gewollt, ist dies Ihre ideale Chance, um die überschüssigen Anteile zu verkaufen und dann...

...erstmal zu warten. Das ist eine grundsätzliche Empfehlung bei Krisen**eintritt**. Sie verzichten zunächst – auch bei Ihren monatlichen Investitionen – auf eine Fortsetzung. Der Grund dafür ist, dass Sie warten, bis sich die Krise nach dem Eintritt weiterentwickelt hat. Denn die Preise werden noch weiter fallen. Wieso in den ersten Tagen die fünf bis zehn Prozent geringeren Kurse der ETF-Anteile ausnutzen, wenn Sie noch ein bis zwei Wochen warten und dann die um 20 bis 25 % gesunkenen Kurse durch den Kauf maximal günstiger ETF-Anteile ausnutzen können?

Hier noch einmal kompakt: Unmittelbar nach Krisen-eintritt wird nichts mehr gekauft. Haben Sie Dysbalancen im Portfolio, dann können Sie ETF-Anteile aus dem Risiko-Anteil des Portfolios verkaufen, aber das generierte Geld behalten Sie zunächst bei sich, ebenso wie die monatlichen Einzahlungen in Ihren ETF-Sparplan. Schätzen Sie ein, wie dynamisch und stark sich die Krise entwickelt. Sparen Sie nach Möglichkeit über einen Monat hinaus. Und kaufen Sie schließlich dann neue Anteile, wenn die Preise gemäß Ihren Vermutungen am Tiefpunkt angelangt sind. Denn an diesem Tiefpunkt bekommen Sie am meisten Anteile. Investieren Sie in Krisenzeiten bevorzugt in Ihre Basis-ETFs oder in Value-ETFs und Dividenden-ETFs als Beimischung, weil darin die Titel enthalten sind, um die sich alle Anleger reißen und die schnell wieder einen Rendite-Anstieg verzeichnen werden.

Schlusswort

Dieser Ratgeber hat Ihnen die Börse und die Geldanlage in ETFs auf die Schnelle vorgestellt. Dabei haben Sie die Zusammenhänge verschiedener Kennzahlen und deren Deutung kennengelernt, um die richtigen ETF-Produkte auszuwählen. Abschließend wurden Sie in Strategien eingewiesen, um ein eigenes Portfolio mit ETFs zusammenzustellen und es zu besparen, sodass passiv Vermögen aufgebaut wird. Wie hoch dieses Vermögen sein wird, lässt sich nicht sagen, zudem sind negative Kursentwicklungen zwischendurch nicht nur möglich, sondern sogar wahrscheinlich. In diesen Phasen ist es wichtig, kühlen Kopf zu bewahren und kurz innezuhalten. Sobald die Kurse auf dem Tiefpunkt sind, wird eingekauft.

Wenn es eine Erkenntnis dieses Ratgebers gibt, die Sie sich merken müssen, dann ist es eben dieser letzte Aspekt: Krisen sind nicht zum Verkaufen, sondern zum abgebrühten Einkaufen da!

Halten Sie Ihre Anteile in Krisenzeiten und investieren Sie, wenn die Kurse am Tiefpunkt sind! Dies wird so häufig wiederholt, damit Sie es verinnerlichen und sich zu Herzen nehmen.

Es werden Personen erscheinen, die Ihnen sagen werden, es sei verrückt, gegen den Markt zu setzen. Aber Sie setzen nicht gegen den Markt, wenn Sie in Krisenzeiten Geld in ETFs anlegen. Sie schenken dem Markt das Vertrauen, der bisher aus jeder Krise gestärkt hervorgekommen ist und Ihr Vertrauen somit verdient hat.

Es werden Personen erscheinen, die Ihnen sagen werden, ETFs seien eine Enttäuschung: Sie hätten in ETFs investiert, um in Krisenzeiten möglichst wenig Verluste zu haben, und seien enttäuscht worden. Doch Krisen gab es in der Wirtschaft bisher immer ein Comeback. Machen Sie das nächste Comeback des DAX, des Dow Jones, des MSCI Europe, des CAC 40 oder eines anderen Indizes, in den Sie über ETFs investiert haben oder investieren werden, endlich auch zu Ihrem persönlichen Comeback und profitieren Sie von dem Vorgehen, von dem alle Profis an der Börse profitiert haben: Von den Tiefpreisen in Krisenzeiten!

Es werden Personen erscheinen, die Ihnen sagen werden, ETFs seien nur etwas für Anfänger. Die Profis würden sich irgendwann immer bemühen, durch aktiven Wertpapierhandel oder durch aktive Aktienfonds den Markt zu schlagen. Versuchen Sie es gern, den Markt zu schlagen, sobald Sie ausreichend Knowhow über die Geldanlage in Einzelaktien haben. Aber glauben Sie nie daran, ETFs seien nur etwas für Anfänger. Zahlreiche Profis legen Geld in ETFs an. Und die Profis, die Ihr Geld nicht in ETFs anlegen, bilden die Indizes mit kleinen Abweichungen selbst ab, was dann aber einen hohen Zusatzaufwand bedeutet. Behalten Sie die Strategie, ETFs zur Basis Ihres Wertpapier-Portfolios zu machen, langfristig bei. Dann werden Sie immer grundlegende Sicherheiten haben.

Zum Abschluss verbleibt nur noch, Sie darauf aufmerksam zu machen, dass dieses Buch Ihr ständiger Begleiter bei der Geldanlage in ETFs sein sollte. Lesen Sie die Dinge, die Ihnen unklar sind, mehrere Male nach. Denn wie es so ist, mit Dingen, die man lernt: Sie verschwimmen mit der Zeit. Sorgen Sie dafür, dass jeder angelegte Euro ein vernünftig und strategisch wohl durchdacht angelegter Euro ist. Viel Erfolg!

Bonusheft

Auf meiner Webseite finden Sie einen Kurzreport gratis zum Download. In diesem Report entdecken Sie die 7 häufigsten Fehler, die Einsteiger beim Handeln mit Aktien begehen.

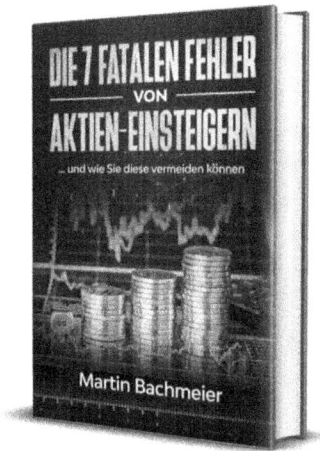

Den Report erhalten Sie als E-Book. Und so einfach funktioniert es:

Geben Sie in die Browserleiste Ihres Computers oder Smartphones Folgendes ein:

bonus.martinbachmeier.com

Sie werden dann direkt zur Download-Seite geleitet.

Beachten Sie: Dieser Report ist nur für eine begrenzte Zeit verfügbar. Sichern Sie sich den Report daher am besten heute noch!

Quellenverzeichnis

Literatur-Quellen:

Byrne, R.: *The Secret – Das Geheimnis*. München: Verlagsgruppe Random House GmbH, 2007.

Cherry Finance: *ETF Sparpläne für ein passives Einkommen – Wie Sie mit Dividenden ETFs zur finanziellen Unabhängigkeit gelangen*. Deggendorf: Cherry Media GmbH, 2019.

Ecker, T. H.: *So denken Millionäre – Die Beziehung zwischen Ihrem Kopf und Ihrem Kontostand*. Kulmbach: Börsenmedien AG, 2006. 10. Auflage.

Kommer, G.: *Souverän investieren mit Indexfonds und ETFs – Wie Privatanleger das Spiel gegen die Finanzbranche gewinnen*. Frankfurt am Main: Campus Verlag GmbH, 2011. 3. Auflage.

Miller, D.: *ETFs für Anfänger – Schritt für Schritt zur finanziellen Freiheit*. Daniel Miller, 1. Auflage.

Online-Quellen:

https://www.finanz-tools.de/inflation/inflationsraten-deutschland

https://de.statista.com/statistik/daten/studie/202295/umfrage/entwicklung-des-zinssatzes-fuer-spareinlagen-in-deutschland/

https://www.welt.de/finanzen/article202234584/
Rentenversicherung-Bundesbank-warnt-vor-finanzieller-
Schieflage.html

https://www.boerse.de/

https://www.boerse.de/boersenkurse/

https://wirtschaftslexikon.gabler.de/definition/blue-
chips-29147

https://www.boerse.de/boersenlexikon/Small-Caps

https://www.brokervergleich.de/wissen/statistiken/etfs-
zahlen-und-fakten/

https://www.godmode-trader.de/know-how/etf-exchange-
traded-funds-eine-einfuehrung,4432087

https://www.boerse.de/grundlagen/aktie/Renditedreieck-
Dax-Jaehrliche-Durchschnittsrenditen-seit-1980-8

https://www.dividendenadel.de/msci-world-
renditedreieck/

https://www.justetf.com/de/etf-profile.html?isin=
LU1242369327

https://www.blackrock.com/at/finanzberater-und-
banken/produkte/fonds-im-fokus/fixed-income

https://boersenlexikon.faz.net/definition/msci/

https://www.msci.com/factor-indexes

https://www.handelsblatt.com/adv/etfwissen/etf-
wissen-wie-etfs-einen-index-nachbilden/14665856.html?
ticket=ST-931993-eILI3n9TC2UUrddLfYWy-ap4

https://www.finanzen.net/index/dax

https://www.finanzen.net/aktien/lufthansa-aktie

http://www.wirtschaftslexikon.co/d/aktiensplitting/
aktiensplitting.htm

https://www.finanzen.net/index/dow_jones

https://www.finanzen.net/index/nasdaq_composite

https://www.finanzen.net/index/s&p_500

https://www.finanzen.net/index/hang_seng

https://www.finanzen.net/index/euro_stoxx_50

https://www.boersennews.de/lexikon/begriff/msci-
world/1854/

https://www.finanzen.net/index/msci-world

https://www.finanzen.net/index/msci-emerging-markets

https://www.justetf.com/de/

https://www.ishares.com/de

https://www.verbraucherzentrale.de/wissen/geld-
versicherungen/sparen-und-anlegen/welche-anbieter-von-
etfs-gibt-es-in-deutschland-16607

https://www.amundietf.de/privatkunden/

https://www.ubs.com/de/de/asset-management/etf-institutional.html

https://www.youtube.com/watch?v=xU6YEIaO_74

https://www.gesetze-im-internet.de/estg/__32d.html

https://de.investing.com/

https://www.youtube.com/watch?v=lVhFhR_lSdw&t=225s

https://www.justetf.com/de/find-etf.html

https://www.justetf.com/de/etf-profile.l?query=IE00B4L5Y983&groupField=index&from=search&isin=IE00B4L5Y983

https://de.extraetf.com/etf-comparison

https://de.extraetf.com/etf-comparison?etf=IE00B5BMR087,IE00B3XXRP09

https://www.justetf.com/de/etf-profile.l?isin=IE00B4L5Y983&tab=chart&h=2&query=IE00B4L5Y983&groupField=index&from=search

https://www.justetf.com/de/etf-profile.l?isin=IE00B6R52259&tab=chart&h=2&query=IE00B6R52259&groupField=index&from=search

https://www.justetf.com/de/etf-profilel?isin=IE00B1YZSC51&tab=chart&h=2&query=IE00B1YZSC51&groupField=index&from=search

https://www.justetf.com/de/etf-profilehtml?isin=IE00B3X
XRP09&tab=chart&h=2&query=IE00B3XXRP09&groupFiel
d=index&from=search

https://www.justetf.com/de/etf-profile.html?isin=
DE000A0H0728

https://www.justetf.com/de/etf-profile.html?isin=
DE000A1E0HR8&tab=chart

https://www.justetf.com/de/etf-strategy-builder.html

https://www.fool.de/2019/05/10/der-grosse-berkshire-
hathaway-rueckkauf-ueber-den-niemand-spricht-2/

931&tab=chart&h=2&query=DE0005933931&groupField=
index&from=search

https://www.justetf.com/de/etf-profile.html?isin=
IE00BKM4GZ66&tab=chart&h=2&query=IE00BKM4GZ66&
groupField=index&from=search

https://www.justetf.com/de/etf-profile.html?isin=
DE000A0H0728

https://www.justetf.com/de/etf-profile.html?isin=DE000A
1E0HR8&tab=chart

https://www.justetf.com/de/etf-strategy-builder.html

https://www.fool.de/2019/05/10/der-grosse-berkshire-
hathaway-rueckkauf-ueber-den-niemand-spricht-2/.
ml?isin=IE00B3XXRP09&tab=chart&h=2&query=
IE00B3XXRP09&groupField=index&from=search

https://www.justetf.com/de/etf-profile.html?isin=
DE0005933931&tab=chart&h=2&query=DE0005933931&
groupField=index&from=search

https://www.justetf.com/de/etf-profile.html?isin=
IE00BKM4GZ66&tab=chart&h=2&query=IE00BKM4GZ66&
groupField=index&from=search

https://www.justetf.com/de/etf-profile.html?isin=
DE000A0H0728

https://www.justetf.com/de/etf-profile.html?isin=
DE000A1E0HR8&tab=chart

https://www.justetf.com/de/etf-strategy-builder.html

https://www.fool.de/2019/05/10/der-grosse-berkshire-
hathaway-rueckkauf-ueber-den-niemand-spricht-2/
html?isin=IE00B3XXRP09&tab=chart&h=2&query=
IE00B3XXRP09&groupField=index&from=search

https://www.justetf.com/de/etf-profile.html?isin=
DE0005933931&tab=chart&h=2&query=DE0005933931&
groupField=index&from=search

https://www.justetf.com/de/etf-profile.html?isin=
IE00BKM4GZ66&tab=chart&h=2&query=IE00BKM4GZ66&
groupField=index&from=search

https://www.justetf.com/de/etf-profile.html?isin=
DE000A0H0728

https://www.justetf.com/de/etf-profile.html?isin=
DE000A1E0HR8&tab=chart

https://www.justetf.com/de/etf-strategy-builder.html

https://www.fool.de/2019/05/10/der-grosse-berkshire-hathaway-rueckkauf-ueber-den-niemand-spricht-2/

www.ingramcontent.com/pod-product-compliance
Lightning Source LLC
Chambersburg PA
CBHW071413210326
41597CB00020B/3480